DISCÍPULOS DEL REINO

Libros de Tony Evans publicados por Portavoz:

30 días hacia la victoria a través del perdón

30 días para derribar fortalezas emocionales

30 días para superar los comportamientos adictivos

Alcanza la victoria financiera

¡Basta ya de excusas!

¡Cuidado con esa boca!

Discípulos del reino

Entre la espada y la pared

El matrimonio sí importa

Nunca es demasiado tarde

Oraciones para la victoria en la guerra espiritual

Oraciones para la victoria en tu matrimonio

El poder de la cruz

El poder de los nombres de Dios

El poder de los nombres de Dios en la oración

Solo para esposas

Solo para esposos

Sexo... una relación diseñada por Dios

Tu destino

Victoria en la guerra espiritual

TONY EVANS

DISCÍPULOS DEL REINO

Representantes del cielo en la tierra

EDITORIAL PORTAVOZ

La misión de *Editorial Portavoz* consiste en proporcionar productos de calidad —con integridad y excelencia—, desde una perspectiva bíblica y confiable, que animen a las personas a conocer y servir a Jesucristo.

Título del original: *Kingdom Disciples*, © 2017 por Anthony T. Evans y publicado por Moody Publishers, 820 N. LaSalle Boulevard, Chicago, IL 60610. Traducido con permiso.

Traducción: Rosa Pugliese

Las cursivas añadidas en los versículos bíblicos son énfasis del autor.

EDITORIAL PORTAVOZ
2450 Oak Industrial Drive NE
Grand Rapids, Michigan 49505 USA
Visítenos en: www.portavoz.com

ISBN 978-0-8254-5797-5 (rústica)
ISBN 978-0-8254-6712-7 (Kindle)
ISBN 978-0-8254-7532-0 (epub)

1 2 3 4 5 edición / año 27 26 25 24 23 22 21 20 19 18

Impreso en los Estados Unidos de América
Printed in the United States of America

Gratamente dedicado a todos los pastores de la agenda del reino que tenemos el privilegio de servir a través de La Alternativa Urbana.

Contenido

Introducción

La necesidad de discípulos del reino

Cuando dos equipos compiten en un acontecimiento deportivo profesional, siempre hay un equipo de árbitros que dirige el juego y hace respetar las reglas. No se puede esperar —por la naturaleza misma de la rivalidad— que los equipos en conflicto estén de acuerdo, porque se dirigen hacia dos objetivos diferentes. Por esa razón, la oficina de la liga ha posicionado al equipo arbitral en medio del conflicto, pero sin formar parte del conflicto. Su trabajo es poner orden en lo que de otro modo se convertiría en una situación caótica.

La oficina de la liga le da a cada árbitro un libro de reglas según el cual se deben tomar todas las decisiones en el campo de juego. Las opiniones y preferencias personales están subordinadas a lo que está escrito en el libro. Aunque los árbitros se ven superados en número por los jugadores y la multitud, que los abuchea o vitorea de acuerdo con su arbitraje, saben que no están allí para un concurso de popularidad sino para gobernar sobre el campo de juego en función de la autoridad delegada de las autoridades de la liga que representan.

Del mismo modo, Dios ha colocado a sus agentes que representan su gobierno del reino celestial en medio del caos en la tierra. Sus árbitros se llaman discípulos: personas cuyo compromiso final no es con las razas, las clases, la cultura, las personalidades y las opiniones políticas que compiten, sino con su reino. A estos representantes del reino se les ha otorgado un libro, la inerrante Palabra de Dios, según la cual deben tomar todas las decisiones.

Sin embargo, la crisis que enfrentamos hoy es que muchos miembros del equipo de árbitros de Dios se han unido a los equipos que compiten en el campo de juego en lugar de ser los representantes distintivos del reino que Dios ha puesto en la tierra. En consecuencia, no solo hay confusión en el campo de la cultura, sino que también hay una ausencia de la autoridad del reino que deberían ejercer sus representantes designados.

La meta de los discípulos del reino es avanzar en la agenda del reino de Dios, que es *la manifestación visible del gobierno integral de Dios sobre cada área de la vida.* Esta agenda se lleva a cabo a través de las cuatro esferas divinamente autorizadas: el individuo, la familia, la iglesia y la comunidad.

El objetivo de *Discípulos del reino* es llamar a los creyentes e iglesias a nuestra responsabilidad primaria divinamente ordenada de ser discípulos y hacedores de discípulos. Solo cuando tomemos en serio esta tarea, el mundo verá el poder sobrenatural del cielo en acción en la tierra y la eternidad operante en la historia. Solo cuando el equipo de árbitros de Dios deje de tratar de aplacar los sistemas de valores que compiten en este mundo y comience a tomar decisiones basadas únicamente en el libro que nos ha dado nuestro Rey —la Biblia—, veremos en acción la autoridad que Él nos ha delegado para ejercer en su nombre.

Es hora de que los discípulos del reino salgan al campo y entreguen las respuestas del cielo a la tierra.

PARTE I

El fundamento del discipulado del reino

Capítulo 1

La llave faltante

Una de las mayores tragedias del siglo XX fue el hundimiento del *Titanic* en el frío Océano Atlántico Norte, el 15 de abril de 1912. Más de 1.500 personas murieron en las frías aguas del Atlántico durante el viaje inaugural de este elegante barco que se consideraba insumergible. La causa de la catástrofe se conoce comúnmente que fue el impacto con un iceberg sumergido casi en su totalidad, que partió el casco de la nave. Sin embargo, la tragedia ocurrió principalmente debido a una razón menos conocida, pero más estratégica.

David Blair era el segundo al mando, programado para hacer el viaje desde South Hampton, Inglaterra, a América. Sin embargo, el día antes de la partida programada, Blair recibió otra asignación. El Sr. Blair tenía en el bolsillo la llave del armario del puesto de vigía de la tripulación, que contenía los binoculares de alta potencia que utilizaba el tripulante para observar desde el puesto de vigía elevado y detectar posibles peligros.

Debido a que el Sr. Blair se quedó inadvertidamente con la llave, los prismáticos no estaban disponibles en el momento cuando más los necesitaban. Por lo tanto, no pudieron divisar el iceberg a la distancia como lo habrían hecho si hubieran contado con los prismáticos. Esto finalmente condujo al choque mortal que conocemos hoy como el hundimiento del *Titanic.*

Si no hubiera sido por la llave faltante, la tragedia se podría haber evitado.

Del mismo modo, hoy día falta una llave en el cristianismo. Es una llave de vital importancia: su ausencia ha dado lugar a creyentes débiles y derrotados, desintegraciones familiares, iglesias ineficaces y una cultura en decadencia. Sin el pleno uso de esta llave, los seguidores de Cristo carecen de las herramientas necesarias para vivir al máximo como representantes del cielo en la tierra.

¿Cuál es la llave que falta?

Adivinaste; es el discipulado.

Los discípulos del reino son tan escasos que un rebaño de cristianos sin poder asisten a iglesias sin poder, lo cual redunda en una presencia e impacto sin poder en el mundo. Hasta que no recuperemos y utilicemos esta llave denominada discipulado, continuaremos fracasando en nuestro llamado a vivir de manera aceptable como representantes del cielo en la tierra. El poder, la autoridad, la abundancia, la victoria y la influencia que la Palabra de Dios promete a los suyos serán nuestros solo cuando comprendamos y nos ajustemos a su definición de discipulado. Hasta entonces, podemos dar por seguro que las decepciones y las pérdidas serán la norma a pesar de todas las actividades cristianas que practiquemos.

El discipulado es la llave que falta para una vida de autoridad bajo Dios. Sin embargo, la rendición al señorío de Cristo y la obediencia a su gobierno de amor son las hendiduras que componen esa llave, que cuando se usa correctamente libera el poder que trae el cielo a la tierra.

Un discípulo del reino puede definirse como *un creyente*

en Cristo que participa en el proceso de desarrollo espiritual de aprender progresivamente a vivir toda la vida en sumisión a Jesucristo. El objetivo de un discípulo del reino es tener una vida transformada y reproducir los valores del reino de Dios en las vidas de los demás. A través de los discípulos del reino, Dios ejerce su gobierno del cielo en la tierra.

La necesidad de seguidores de Cristo consagrados

Después de resucitar de los muertos, el Señor Jesucristo tomó medidas para asegurarse de que habría seguidores. De inmediato convocó una reunión; pero no fue una reunión más del comité de la iglesia. Se celebró en una colina de Galilea, no en una sala de conferencias.

Esta reunión también fue diferente debido a las personas que concurrieron. Según Mateo 28:16, estaban los once discípulos de Jesús restantes; es probable que también estuvieran presentes otros quinientos testigos (1 Co. 15:6).

Sin embargo, un tercer grupo mucho más grande de personas fue indirectamente parte de esa reunión posterior a la resurrección: todos los cristianos, incluidos tú y yo. Al final de la reunión, Jesús dijo: "He aquí yo estoy con vosotros todos los días, hasta el fin del mundo" (Mt. 28:20). Puesto que todavía no ha llegado el fin del mundo, y dado que tú y yo estamos viviendo en esa era a la que Jesús hizo referencia, también somos parte de esa ocasión histórica.

Leamos las "actas" de la reunión de Jesús:

> Pero los once discípulos se fueron a Galilea, al monte donde Jesús les había ordenado. Y cuando le vieron, le adoraron; pero algunos dudaban. Y Jesús se acercó y les habló diciendo:

> Toda potestad me es dada en el cielo y en la tierra. Por tanto, id, y haced discípulos a todas las naciones, bautizándolos en el nombre del Padre, y del Hijo, y del Espíritu Santo; enseñándoles que guarden todas las cosas que os he mandado; y he aquí yo estoy con vosotros todos los días, hasta el fin del mundo. Amén (Mt. 28:16-20).

Seguramente, nunca has leído un acta del comité de la iglesia como el anterior. Sin embargo, a pesar de que esta reunión incluyó a todos los santos de la historia de la Iglesia desde Pentecostés hasta hoy, uno de los problemas que impide a la iglesia actual restaurar la cultura es este: no tenemos suficientes seguidores de Jesucristo consagrados. Hay escasez de discípulos del reino.

Someterse —o resistirse— a la autoridad de Cristo

No me malinterpretes, nunca hubo dudas sobre el resultado final. Dios nunca estuvo en peligro de perder con Satanás, pero a lo largo de la historia, Satanás hizo todas las jugadas posibles para vencer el plan de Dios y tomar el control. Se resistió continuamente a la autoridad de Dios y a la autoridad de Jesucristo, el Hijo de Dios. Satanás intentó hacer incluso que Jesús lo adorara. Cuando eso falló, trató de matar a Jesús.

Durante tres días, Satanás pensó que había tenido éxito. El infierno debió haber celebrado una gran fiesta la noche del viernes de la crucifixión de Jesús, que se extendió durante todo el sábado también. Sin embargo, la resurrección fue la forma en que Dios le dijo a Satanás: "Lo siento. Tú pierdes. Mi Hijo está vivo, y toda la autoridad está en sus manos. Él es el que manda".

Eso es lo que realmente significa la palabra *autoridad* en

Mateo 28:18. Significa "el que manda". Es el poder que descansa en las manos correctas. Cuando Jesús dijo que Él tiene toda la autoridad en el cielo y en la tierra, estaba diciendo que posee el derecho legal de ejercer ese poder.

Ahora bien, la idea del cielo y la tierra nos recuerda la oración que Jesús enseñó a sus discípulos: "Hágase tu voluntad, como en el cielo, así también en la tierra" (Mt. 6:10). Por lo tanto, según Jesús, la mayor preocupación de un discípulo debería ser que se haga la voluntad de Dios, como en el cielo, así también en la tierra. Entonces, ¿cómo se hace la voluntad de Dios como en el cielo? Por completo y a la perfección, sin preguntas, sin objeciones, sin discutir. De hecho, Satanás y los ángeles malvados que lo siguieron fueron los únicos que desafiaron la voluntad de Dios en el cielo, y fueron expulsados (Ap. 12:7-9; Lc. 10:18).

Entonces, el plan de Jesús es que haya un grupo de personas que funcione como sus representantes legales para reflejar e implementar la voluntad de Dios en la tierra. Este sería el rol y la responsabilidad de los discípulos del reino. El proceso del discipulado está diseñado para transferir la autoridad de Jesús a —y a través de— sus seguidores. De esa manera, sin importar dónde vivan las personas, si quieren saber qué está pasando en el cielo, lo único que tienen que hacer es examinar la vida de los creyentes individualmente y colectivamente. Como discípulos que se someten a Jesús y al Padre, el pueblo de Dios debe ejercer la autoridad celestial en la tierra. El discipulado y la autoridad del reino van de la mano (Lc. 9:1-2, Hch. 8:12-13, 1 Co. 4:20) e implican la transferencia del gobierno de nuestro Rey y su reino al mundo sobre el cual posee autoridad. Si no se ejerce una autoridad visible, entonces no se comprende ni se experimenta realmente el propósito del discipulado.

NUESTRO ROL: ¡CONQUISTAR!

Puesto que Jesús ya ha logrado la victoria y Satanás es un enemigo derrotado, ¿cuál es nuestro rol como los seguidores que Cristo dejó aquí en la tierra? Jesús mismo contestó esta pregunta en Mateo 28, pero también dio una respuesta muy breve en una ocasión cuando Él y los discípulos se dirigían a Jerusalén justo antes de su crucifixión.

Los discípulos pensaron que Jesús iría a Jerusalén para establecer su reino de manera inmediata. Puesto que sabía lo que estaban pensando, Jesús les contó la parábola del hombre noble que emprendió un largo viaje y dejó cierta suma de dinero a cada uno de sus siervos. Entonces el noble dijo algo muy interesante: "Negociad entre tanto que vengo" (Lc. 19:13). En otras palabras: "Inviertan esto por mí mientras estoy de viaje" (NTV).

Me gusta la palabra "ocupar" que usa la versión inglesa del rey Jacobo (King James Version). Como discípulos de Jesús, somos como el ejército conquistador que el general vencedor deja en el país conquistado para mantener la estabilidad y el progreso después de ganar la batalla. A pesar de que Satanás es un enemigo derrotado, todavía sigue luchando y quiere llevarse la mayor cantidad de personas posibles con él. Entonces, nuestra tarea como la fuerza conquistadora de Jesús es más compleja que tan solo sentarnos a ver las cosas que suceden. El propósito de la iglesia es hacer discípulos, no solo agregar nombres a una lista o aumentar la asistencia al estudio bíblico de los grupos pequeños. No es suficiente que la iglesia esté abierta una cierta cantidad de horas a la semana u ofrezca una variedad de programas. Debemos hacer discípulos.

Recuerda que Jesús dio a sus discípulos y a toda la iglesia instrucciones finales en Mateo 28:19-20, en el pasaje comúnmente conocido como la Gran Comisión. En el idioma original, solo hay un mandato: "Haced discípulos". Tres verbos que implican acción explican cómo cumplir ese único mandato: (1) ir, (2) bautizar y (3) enseñar.

¿Qué es un discípulo?

No obstante, antes de hacer algunas de esas cosas, es importante estar seguro de qué es un discípulo. *Un discípulo es una persona que ha decidido que seguir a Jesucristo tiene prioridad sobre todo lo demás.* O para expresarlo de otra manera, un discípulo se ve y actúa como Aquel a quien sigue.

Jesús no dijo que ser discípulo sería fácil. Los discípulos deben tomar su cruz y seguirlo. En Marcos 8:34-36, Jesús hizo una de las declaraciones más profundas en todas las Escrituras:

> Si alguno quiere venir en pos de mí, niéguese a sí mismo, y tome su cruz, y sígame. Porque todo el que quiera salvar su vida, la perderá; y todo el que pierda su vida por causa de mí y del evangelio, la salvará. Porque ¿qué aprovechará al hombre si ganare todo el mundo, y perdiere su alma?

La cruz simboliza un instrumento de muerte. Para que el alma de una persona esté completamente viva, primero debe morir a sí misma. Y tendrá que morir a diario. Tu propia vida, los pensamientos egoístas que dominan tu mente y están en conflicto con la voluntad de Dios y su Palabra, deben morir. Mucho más importante es salvar tu alma, que permanecerá para siempre, ya sea en el infierno o en el cielo.

Sin embargo, en estos versículos Jesús agrega la enseñanza sobre salvar y perder la vida.

¿Cómo pierdes tu vida aunque la quieres salvar? Cuando cedes a las tentaciones de este mundo. Cuando haces eso, pierdes tu vida, porque la vida va más allá de los bienes que acumulas. Muchas personas tienen una casa, pero no tienen un hogar. Muchos tienen dinero, pero no tienen paz. Muchos tienen planes, pero no tienen ningún propósito. Este principio de salvar y perder la vida es inalterable. Es otra forma de decir que no puedes encontrar el propósito de Dios para tu vida cuando estás ocupado en tratar de encontrar el tuyo propio.

Rendirte totalmente a Dios es otorgarle pleno poder sobre tu vida como su seguidor. Cuando haces eso, experimentas la vida abundante que Él te ha prometido.

Hace años, cuando todavía estaba en vigencia el servicio militar, a menudo se convocaba a los jóvenes al servicio en momentos muy inoportunos. No importaba si el conscripto acababa de casarse. Era adiós esposa, hola gobierno de los Estados Unidos. Lo mismo ocurría si el conscripto acababa de comenzar un trabajo importante. Como nuevo soldado, ahora pasaba a ser propiedad del gobierno de los Estados Unidos. Su nuevo jefe dictaba cada detalle de su vida: cuándo levantarse o acostarse, qué comer, incluso cómo vestirse, ponerse de pie y caminar.

Después del período de entrenamiento, los militares daban un paso más en el control de la vida del soldado. Seleccionaban una nueva ubicación para él, generalmente lejos de su hogar, y una nueva ocupación. Si había una guerra en curso, podían enviar al soldado a la línea de frente donde podía perder la vida; todo ello en el cumplimiento del deber.

Si se podía esperar que los hombres jóvenes sacrificaran todo por su país, ¿cuánto más deberíamos nosotros, como creyentes, estar dispuestos a hacer lo que nuestro Comandante, Jesucristo, nos pide? Eso es lo que se espera de nosotros como sus seguidores.

Una escasez de discípulos

Por supuesto, no todos los que escuchaban a Jesús hablar mientras estuvo en la tierra se convertían en sus discípulos. Cada vez que atraía a una gran multitud, la mayoría se iba cuando lo oía hablar de los requisitos para seguirlo. Si Jesús hubiera estado interesado en reunir simplemente una gran cantidad de admiradores, habría guardado silencio sobre el costo del discipulado.

Sin embargo, Jesús no especulaba con los números. Él estaba haciendo discípulos. Lamentablemente, la mayoría de las personas que lo escuchaban no estaban interesadas en una consagración total a su autoridad. Subsistir y disfrutar de los beneficios del Mesías era suficientemente bueno para ellos.

Tristemente, eso sucede con los cristianos de hoy. Demasiados de nosotros servimos a Cristo mientras Él no comience a tocar nuestra comodidad. Estamos dispuestos a seguirlo mientras mantenga dinero en nuestros bolsillos y una sonrisa en nuestro rostro, pero no queremos que nos cause ninguna molestia.

"Sí, amo al Señor, pero no estoy realmente interesado en servir a los demás".

"Quiero servir a Dios, pero mi trabajo no me deja tiempo libre".

"La reunión de oración del miércoles coincide con mi programa de televisión favorito, pero le daré a Dios dos buenas horas el domingo".

Pocos miembros de la iglesia dirían cosas así en voz alta, pero ese es el mensaje que transmiten. En consecuencia, hay muy pocos discípulos en la iglesia para influenciar al mundo.

Esto explica por qué tantas personas van a la iglesia todos los domingos en una ciudad, pero esa ciudad no cambia. Explica por qué innumerables cristianos trabajan en las ciudades de los Estados Unidos todos los días de la semana, pero nuestro país no cambia.

El problema principal en nuestro país no es que no tengamos

suficiente dinero, no es que no podamos superar los problemas sociológicos ni que no haya suficientes programas gubernamentales. El problema con nuestro país no es que no tengamos suficientes iglesias llenas de cristianos; sino que no tenemos suficientes discípulos. ¿Dónde están los verdaderos seguidores?

Esta escasez de discípulos explica por qué tenemos tantos cristianos y tan poca influencia dentro de nuestras propias iglesias, y mucho menos en el país en general. Lo que necesitamos ahora no son más personas sentadas en los bancos de la iglesia. Lo que necesitamos desesperadamente son más discípulos, seguidores visibles y verbales de Jesucristo que no se avergüencen.

Si queremos ver un cambio en nuestro país, si queremos ver a los suburbios, los pueblos pequeños y la población rural confesar a Cristo, debemos hacer discípulos en obediencia al mandato de Cristo y verlos ejercer la autoridad del cielo en la tierra.

No podemos esperar ver un cambio hasta que nos convirtamos en discípulos y hagamos discípulos. Mientras tanto, la iglesia en los Estados Unidos seguirá siendo débil e ineficaz, lo que provocará un deterioro continuo de la cultura. Sin embargo, aún hay esperanza de que la iglesia recupere su fortaleza si deja de estar centrada en la membresía para centrarse en el discipulado.

¿Listos para trastornar el mundo?

En Mateo 28:19, Jesús dijo a los que estaban congregados en esa reunión en Galilea que hicieran discípulos "a todas las naciones". Por lo tanto, la preocupación del discipulado no es solo para individuos, sino también para sistemas que afectan la vida de las personas, incluido el gobierno. Esa era una tarea mayúscula cuando el mundo entonces conocido era el extenso Imperio Romano. Para poder cumplir esa tarea, los primeros discípulos tendrían que ser grandes soñadores y poderosos hacedores. Tendrían que poseer y poner en práctica la autoridad del reino.

Jesús no solo envió a los discípulos a edificar una iglesia, sino también a ejercer dominio. Por eso los líderes judíos se enojaron cuando los apóstoles llegaron a escena (Hch. 4). No podían mantener callados a esos hombres. Los encarcelaron y los azotaron, pero Pedro y los demás siguieron predicando a Jesús. Más tarde, los judíos de Tesalónica dijeron: "¡Oh, no! Aquí vienen esos hombres que han trastornado el mundo entero" (ver Hch. 17:6).

¿Qué les dio a los apóstoles la osadía de pararse en el templo y predicar frente a las narices de los líderes religiosos que tenían la autoridad de azotarlos, encarcelarlos e incluso ejecutarlos? ¿Qué les había sucedido que sus vidas habían tenido un cambio tan radical?

La respuesta la encontramos nuevamente en Hechos 2, en ese aposento alto donde los seguidores de Cristo se reunieron después de su ascensión al cielo. La respuesta surgió de su propio tiempo prolongado en una solemne asamblea colectiva. Había solo ciento veinte de ellos (Hch. 1:15), pero hablaban en serio de Cristo, de pagar el precio, de soportar el dolor y la inconveniencia de ser discípulos de su reino.

Dios lo sabía, y envió al Espíritu Santo a morar en ellos tal como lo había prometido. Tales hombres y mujeres, consagrados a Cristo y llenos del Espíritu, comenzaron a hacer discípulos exactamente de la manera que Jesús les dijo que lo hicieran.

Aunque ciento veinte no es un número grande, hay una lección importante para nosotros en esa pequeña cifra. ¿Cuántas veces juzgamos la importancia de una iglesia por el tamaño de su membresía? Cuando hacemos eso, no entendemos lo esencial. No importa cuántos miembros tiene una iglesia; lo que cuenta es la cantidad de discípulos.

Estoy convencido de que en algunas iglesias multitudinarias de nuestro país hoy día no se pueden encontrar cinco verdaderos discípulos. Y en algunas iglesias pequeñas, muchos de sus miembros son discípulos. El tamaño del edificio no tiene ninguna incidencia en qué tan bien produce verdaderos seguidores.

La diferencia entre la iglesia del primer siglo y la iglesia de hoy día es que cuando esos cristianos aparecían, la gente se enfurecía y se inquietaba o bien se salvaba. No obstante, de una manera u otra, cuando aparecieron los primeros discípulos, la gente se conmocionó.

A menudo, cuando Pablo llegaba a la ciudad, estallaba un motín. Poco después de convertirse en un cristiano, tuvo que irse de Damasco escondido en una canasta, que sus amigos bajaron por la muralla de la ciudad a altas horas de la noche para evitar que sus enemigos lo mataran (Hch. 9:23-25). En Tesalónica, los enemigos de Cristo maltrataron al hombre en cuya casa se alojaba Pablo (Hch. 17:5-9).

Pablo siempre estaba iniciando algo, pero no porque fuera un alborotador. Dondequiera que Pablo iba, comenzaban a suceder cosas, porque él predicaba a Jesús. Pablo vivía y respiraba a Jesús y esperaba que otros hicieran lo mismo.

¿Entiendes que Cristo mandó a sus discípulos a ejercer influencia sobre su comunidad? Él no quiere que seas solo otro residente más de tu vecindario o iglesia, o que tu iglesia sea solo otra iglesia más en la esquina sin causar ningún impacto en el reino. Cuando Jesús estaba en la tierra, nadie era neutral hacia Él. La gente lo amaba, lo reverenciaba o lo odiaba e intentaba matarlo; pero nadie lo ignoraba.

El mundo ignora a los cristianos y a la iglesia en estos días de muchas maneras y en un sinfín de problemas, porque no están siendo testigos de la autoridad de la que hablamos, cantamos, oramos y predicamos. Lo peor es que muchos cristianos tampoco están interesados en Jesús; se han vuelto fríos hacia Él. Lo que necesitamos son personas apasionadas por Jesús, personas con un ardiente deseo de servirlo, personas tan entusiasmadas con Él que estremezcan la iglesia y la comunidad.

No puedes ser como Jesús en tu trabajo, en tu vecindario y, posiblemente, incluso en tu iglesia, y no tener oposición. Las adversidades son parte de la experiencia cristiana, o no es la experiencia cristiana. Si lo pasas bien, si Satanás nunca te molesta, será mejor que verifiques en qué dirección estás yendo. Puede que no estés caminando de la mano de Jesús y, por lo tanto, no lo estés reflejando.

¿Listos para ser esclavos de Cristo?

Los sermones que predico en nuestra iglesia están grabados en discos compactos maestros. Estos discos maestros luego se ponen en una máquina duplicadora para reproducir CD para los miembros de nuestra iglesia y para los oyentes de nuestro ministerio de radio nacional: *La Alternativa Urbana*.

Solo hay un disco maestro para cada mensaje, pero por supuesto este disco maestro puede reproducir cualquier cantidad de duplicados. Es interesante saber que la máquina duplicadora en la que se colocan los CD vírgenes para grabar el mensaje del disco maestro se denomine "unidad esclava". La tarea de la unidad esclava no es crear su propio mensaje o distorsionar el mensaje que graba, sino reproducir fielmente lo que dice el disco maestro.

Esta es una ilustración del proceso del discipulado. Jesús es el Maestro y nosotros somos sus esclavos (Ef. 6:6) con la tarea de reflejar y reproducir su carácter y su conducta y gobernar en la tierra. Sería a través de la producción masiva de discípulos a escala local, nacional e internacional que se cumpliría la intención original de Dios de gobernar a través de la humanidad.

El discipulado no era una idea nueva en los tiempos del Nuevo Testamento. Era un concepto bien establecido en el mundo griego en los siglos antes de Cristo. La palabra discípulo significa "aprendiz, estudiante", y los griegos tenían discípulos en el ámbito de la filosofía.

En Mateo 10:24-25, Jesús describió cómo debería ser un discípulo. Leemos: "El discípulo no es más que su maestro, ni el siervo más que su señor. Bástale al discípulo ser como su maestro, y al siervo como su señor".

El objetivo

El objetivo del discipulado es la conformidad con el Salvador, ser transformado a la imagen o semejanza de Cristo (Ro. 8:29, 2 Co. 3:17-18) en carácter, conducta, actitudes y acciones. El discipulado también da lugar al ejercicio de la autoridad de Cristo a través de nosotros en el mundo.

Un pastor amigo visitó un campus universitario hace varios años sin saber que mi hijo Anthony Jr. estudiaba allí. Dijo que estaba caminando por el campus cuando vio a un joven a lo lejos y se quedó impresionado. *Ese debe ser el hijo de Tony Evans* —pensó—. *Se parece a Tony; tiene su misma constitución física; incluso camina como él.*

Tenía razón, por supuesto. El joven que había visto era Anthony. Aunque el hombre estaba muy lejos, las características de Anthony eran tan parecidas a las mías que mi amigo me comentó: "Ni siquiera sabía que Anthony seguía asistiendo a la universidad. Lo único que sabía era que nadie podía parecerse tanto a ti y no ser de tu familia".

De la misma manera, las personas deberían ser capaces de

decir, por tu forma de caminar y de hablar, por el aspecto general de tu vida, que perteneces a Cristo; porque nadie puede comportarse de esa manera si no lo conoce. Solo pueden concluir: "Esa persona tiene que ser un seguidor de Jesucristo".

El parecido familiar debería ser obvio. Eso es el discipulado. Significa imitar a Cristo en tu vida, seguirlo tan de cerca que hables, actúes y pienses como Él y ayudes a otros a hacer lo mismo.

Tenemos la autoridad y el mandato de Jesús de hacer discípulos. Esto es estimulante, porque significa que Él está con nosotros en el proceso para garantizarnos un buen resultado si lo hacemos de la manera correcta.

El plan de Jesús para hacer discípulos

Ahora que sabemos lo que es un discípulo, echemos un vistazo más de cerca al plan de tres pasos de Jesús en Mateo 28:19-20 para hacer discípulos.

Puede parecer simple, pero requiere compromiso y confianza en Jesús si queremos seguir su plan para hacer discípulos. El plan abarca tres elementos: (1) ir a las personas, (2) ayudar a las personas a identificarse con Cristo, y (3) enseñar a las personas los mandamientos de Cristo para que puedan obedecerlo y honrarlo.

1. *Ir a las personas*

El primer paso que debemos dar para hacer discípulos es ir. Como vimos anteriormente, el original griego de Mateo 28:19 se puede traducir: "ve y haz discípulos". En otras palabras, Jesús espera que vayamos. Incluso podríamos decir que se sobreentiende que lo hacemos.

Estamos hablando del ministerio de evangelismo. No puedes hacer discípulos de pecadores no arrepentidos. Deben arrepentirse y solo pueden hacerlo cuando escuchan, entienden y responden al evangelio. Fíjate que Jesús no les dijo a las naciones que fueran a los cristianos en busca del evangelio. Nosotros debemos ir a las personas de las naciones. Los cristianos no estamos cumpliendo con la misión de la iglesia si no ganamos almas para Cristo y no damos testimonio público del mensaje del evangelio.

Debemos mantener el evangelismo al frente y como el centro de la vida de la iglesia. Si la iglesia ha de crecer haciendo discípulos, sus miembros deben estar dispuestos a ir al mundo entero como testigos de Cristo. Esta es una razón por la cual Jesús nos envió el Espíritu Santo. "Recibiréis poder, cuando haya venido sobre vosotros el Espíritu Santo, y me seréis testigos en Jerusalén, en toda Judea, en Samaria, y hasta lo último de la tierra" (Hch. 1:8). La ausencia de evangelismo es una prueba positiva de que la obra del Espíritu no está ocurriendo en la vida de un creyente o de la iglesia. Puedes llamarlo temor o falta de oportunidades, pero el Espíritu cuyo fruto incluye amor y paz (Gá. 5:22) te dará denuedo y oportunidades de hablar en su nombre.

El evangelismo se puede definir como dar testimonio de las buenas nuevas de la muerte y resurrección sustitutivas de Cristo y su libre ofrecimiento del perdón por el pecado y la vida eterna a todos los que vienen a Él por fe para recibirlo. El evangelismo se hace con la clara intención de llevar al oyente a la fe en Jesucristo para salvación. Las personas deben nacer espiritualmente en el reino antes de poder convertirse en discípulos del reino. La iglesia, entonces, debe desafiar, alentar y enseñar a sus miembros para dar testimonio de su fe a los incrédulos.

2. *Ayudar a las personas a identificarse con Cristo*

Jesús dijo que otra parte de hacer discípulos es bautizar a aquellos a quienes hemos ido y que han aceptado a Cristo. Él no nos mandó solo a mojar a las personas. El bautismo encierra mucho más que participar de un ritual relacionado con el agua. De hecho, el significado principal de la palabra griega para bautismo es "identificación".

El bautismo era una palabra muy gráfica en los días del Nuevo Testamento. Se usaba para sumergir una tela en una tintura de tal modo que la tela quedara completamente identificada con la tintura después de absorber su color. La tela se sumergía en la tintura hasta que adquiría el carácter de la tintura. La tela sufría un cambio de identidad total.

Esta es la idea que transmite Romanos 6:3-4, donde Pablo escribió:

> ¿O no sabéis que todos los que hemos sido bautizados en Cristo Jesús, hemos sido bautizados en su muerte? Porque somos sepultados juntamente con él para muerte por el bautismo, a fin de que como Cristo resucitó de los muertos por la gloria del Padre, así también nosotros andemos en vida nueva.

Cuando ponemos nuestra confianza en Cristo, llegamos a estar tan completamente identificados con Él, que su muerte y resurrección a una nueva vida se convierte en nuestra muerte y resurrección. Cuando sumergimos a los creyentes en las aguas del bautismo, estamos representando su muerte a la vieja vida y su resurrección a una nueva forma de vida. Eso sucede cuando el creyente acepta a Cristo por la fe, pero Dios dio el mandato del bautismo en agua a la iglesia como un testimonio externo de ese cambio interno.

Muchos cristianos lidian en su vida diaria porque no entienden su nueva identidad. No saben quiénes son en Cristo. Tenemos que comprender que estar "en Cristo" es una forma de vida radicalmente nueva, que todo aquello que le pasó a Cristo nos pasa a nosotros. Por eso la Biblia dice que cuando Cristo murió, nosotros morimos, y cuando Cristo resucitó de entre los muertos, nosotros resucitamos.

Es como poner una carta en un sobre y sellarla. Cuando hago eso, no tengo que preguntar dónde está la carta; porque la carta está sellada de forma segura dentro del sobre. De modo que sea donde sea que vaya el sobre, la carta también irá, y es ilegal que alguien que no sea el destinatario de ese sobre sellado rompa el sello.

Los creyentes ahora son ciudadanos de un nuevo reino (Col. 1:13), y su identidad y punto de referencia es seguir los parámetros de su nuevo Rey. Deben ser trinitarios (Padre, Hijo, Espíritu Santo) y reflejar la norma de Dios en todo lo que hacen.

3. Enseñar a las personas la verdad bíblica

Una vez que las personas han creído en el evangelio y se han identificado con Cristo, debemos enseñarles que "guarden todas las cosas que [Él nos ha] mandado" (Mt. 28:20).

Soy un graduado del seminario y un maestro de la Biblia, así que realmente puedo entender de qué se trata. Sin embargo, enseñar a las naciones implica más que enseñarles teología, cristología, soteriología (salvación espiritual) y todas las demás "ologías" de la fe. Jesús dijo que el objetivo es que las personas "guarden" u obedezcan todo lo que Él nos mandó. Lamentablemente, muchos cristianos quieren auditar la vida cristiana como un estudiante universitario en una clase. Quieren la información sin incurrir en ninguna responsabilidad con el curso. En consecuencia, no obtienen crédito por el curso. La información debe combinarse con la obediencia para que se autorice la representación celestial. Por lo tanto, la responsabilidad debe ser un componente clave de nuestra instrucción, ya que el objetivo es la obediencia.

Desde luego, nuestra enseñanza debe tener un contenido sólido, porque los cristianos son personas de la verdad y personas del Libro. El mandato de Jesús de que debemos obedecer está contenido en la Palabra, pero la meta no es solo el contenido. La iglesia de hoy tiene demasiados "bulímicos espirituales" que se alimentan de la Palabra en la iglesia el domingo pero luego la vomitan tan pronto como llegan a la casa. Así que no les hace ningún bien.

El objetivo de la enseñanza bíblica es combinar la información y el conocimiento con la habilidad de aplicar la verdad a la vida diaria. Si estás enfermo y necesitas someterte a una cirugía, no solo quieres un médico con un título académico en medicina. También querrás a alguien que haya realizado hábilmente la cirugía con anterioridad. Por eso, por ejemplo, después que Jesús enseñó a la multitud y alimentó a los cuatro mil (Mr. 8:1-9), hizo "inmediatamente" que sus discípulos subieran a una barca y se fueran (v. 10).

¿Por qué? Según Marcos 8:14-21, una de las razones era que quería que pusieran en práctica la lección que acababan de aprender sobre su poder para suplir sus necesidades. No había suficiente comida para el grupo y los discípulos estaban tratando de descubrir qué iban a comer. Entonces Jesús les hizo algunas preguntas incisivas que terminaban en: "¿Cómo aún no entendéis?" (v. 21). Obviamente, no habían entendido; pero puedes estar seguro de que lo pensaron durante mucho tiempo y, finalmente, captaron el mensaje.

Hacer discípulos es un proceso de revelación espiritual. Es similar al revelado de las fotos: tú llevas los negativos para revelar, mediante un proceso que se llama positivado, con el fin de que las imágenes se vean como deberían verse. Dios quiere llevar lo negativo de nuestra vida a su cuarto oscuro y convertirlo en positivo para que nos veamos como su Hijo. La iglesia y su ministerio proporcionan ese cuarto oscuro donde los creyentes alcanzan madurez espiritual a través de relaciones responsables.

Comprometidos con el reino

A menos que estés comprometido a ser un discípulo del reino, no experimentarás la autoridad del reino. De hecho, dado que el mandato de Jesús de hacer discípulos es un imperativo, no participar en el proceso de discipulado es estar en desobediencia, lo cual es pecado. Jesús concluye su instrucción con la promesa de que Él estará con nosotros siempre (Mt. 28:20). Ante todo, esta no es una promesa general para todos los creyentes, sino más bien una promesa específica para los discípulos y los que hacen discípulos. Existe una correlación directa entre el reino, el discipulado y el ejercicio de la autoridad. Mientras más grande y profundo sea el discipulado, mayor será el acceso a la autoridad del reino. Cuanto menor es el grado del discipulado, menor es la experiencia de la autoridad del reino. Jesús no comparte su autoridad con todos los creyentes por igual, porque Él sabe lo que hay en nuestro corazón (Jn. 2:23-25). Si no somos fiables, nuestra autoridad será limitada.

Tal vez digas: "Tony, soy cristiano, pero tengo la sensación de que no estoy viviendo como un discípulo del reino ni ejerciendo la autoridad del reino, y tampoco estoy haciendo discípulos". Quizás se debe a que no te has comprometido totalmente con el reino.

Había una vez un hombre que se perdió en el desierto. Tenía la garganta reseca y sabía que no viviría mucho más si no conseguía un poco de agua.

De repente a la distancia, vio una vieja cabaña. Se dirigió

a ella y adentro encontró una bomba de agua con una jarra de agua junto a ella. Al tomar la jarra para beber un trago, encontró esta nota: "La bomba te dará toda el agua que necesites; pero para bombear agua, debes verter toda el agua de la jarra sobre la bomba".

Este hombre tenía un dilema. ¿Debía beber el agua de la jarra y arriesgarse a quedarse sin más agua, o debía creer en la nota y usar el agua que tenía para hacer funcionar la bomba?

Comenzó a pensar en las opciones que tenía. "¿Y si vierto toda el agua de la jarra sobre la bomba y no pasa nada? No solo perderé el agua; sino que también puedo perder mi vida. Por otro lado, si hay un pozo debajo de esta bomba y uso el agua para hacerla funcionar, entonces podré obtener toda el agua que necesite".

El dilema del hombre sediento es la pregunta que tenemos que hacernos como cristianos. ¿Nos quedamos con todo lo que podemos obtener ahora porque es posible que no haya mucho más adelante, o renunciamos a lo que podemos obtener ahora en pro de todo lo que está disponible si estamos dispuestos a correr el riesgo de comprometernos con Cristo?

El hombre pensó por un momento y luego decidió correr el riesgo. Vertió el contenido de la jarra sobre la bomba y comenzó a manipular el mango. Gotas de sudor corrieron por su frente, pero nada sucedió al principio.

Sin embargo, mientras bombeaba, empezaron a salir unas gotas de agua hasta que salió un gran chorro. Bebió todo lo que quiso, tomó un baño y luego llenó todos los demás recipientes que pudo encontrar en la cabaña.

Dado que estuvo dispuesto a renunciar a una satisfacción momentánea, el hombre obtuvo toda el agua que necesitaba. Ahora bien, la nota también decía: "Después que hayas terminado, vuelve a llenar la jarra para el próximo viajero". El hombre volvió a llenar la jarra y luego añadió a la nota: "Por favor, ceba la bomba. Créeme que funciona".

Necesitamos cebar la bomba. Algunos de nosotros estamos a medio camino de Cristo. Estamos tratando de vivir en dos reinos al mismo tiempo. Queremos ser individuos consagrados y laicos comunes, mundanos y espirituales. Queremos amar a Dios y amar a este mundo. Sin embargo, te pido que recuerdes lo siguiente: puedes tener el mundo si lo deseas; solo que no puedes tener el mundo y a Dios (1 Jn. 2:15-17).

Tienes que verter toda el agua; dale a Dios todo lo que tienes, si quieres que Dios vuelva a derramar sobre ti las bendiciones del pacto y que comparta su autoridad contigo como su representante en el reino. Solo en el ámbito del reino descubrirás la abundancia y el poder de Dios para experimentar la victoria personal en tu vida.

Capítulo 2

El asunto principal

Importantes grandes almacenes como Saks Fifth Avenue en Nueva York tienen grandes vitrinas de presentación. En esas vitrinas, los "maniquíes" se encuentran vestidos impecablemente según la temporada y la moda del momento. La razón por la que los propietarios de las tiendas colocan a los maniquíes en las vitrinas es para anunciar lo que tienen para ofrecer al público en general e invitarlos a entrar. Esos maniquíes existen para algo más grande que ellos, para anunciar algo más importante que ellos mismos.

Asimismo, Dios nos salvó y nos bendijo no solo para nosotros mismos, sino también para que seamos como una agencia de publicidad para el gran reino de Dios. Como discípulos del reino, los hijos de Dios debemos hacer que su reino sea tan atractivo, que los observadores no solo nos admiren sino que también se sientan atraídos al reino debido a lo impactante que es nuestra vida como sus representantes oficiales. Esta es la razón por que el asunto principal de los discípulos de Jesucristo debe ser la priorización del reino de Dios.

Una vez más, un discípulo del reino es un creyente que participa en el proceso de desarrollo espiritual de aprender progresivamente a vivir toda la vida bajo el señorío de Jesucristo. Vivir toda la vida sometidos a Cristo implica que sabemos y practicamos lo que Cristo desea que hagamos en nuestra vida. Por eso he decidido comenzar con el sermón más largo que predicó Jesús en la tierra, conocido como el Sermón del Monte. Este sermón abarca tres capítulos completos del Evangelio de Mateo (5–7), y está dirigido a los creyentes, originalmente, a sus discípulos. El Sermón del Monte es ante todo un sermón mediante el cual Jesús predicó a sus discípulos sobre el reino. Entonces, ¿qué mejor pasaje para profundizar en nuestro estudio sobre los discípulos del reino que donde Jesús habló al respecto?

La pieza central de la vida del reino: Mateo 6:33

Para empezar, el punto central del sermón de Jesús gira alrededor de un versículo. De hecho, este versículo es precisamente el aspecto central de la vida del reino. Leemos: "Mas buscad primeramente el reino de Dios y su justicia, y todas estas cosas os serán añadidas" (Mt. 6:33). El discipulado es, primero y principalmente, un asunto del reino. El reino significa "gobierno" o "autoridad". Ser un discípulo del reino es aprender a someterse de manera integral al gobierno de Dios en cada área de la vida. La búsqueda y la priorización del reino es el interés principal del discipulado.

La palabra que quiero enfatizar en este pasaje es "primeramente", porque la disminución del valor de esta palabra ha derivado en la disminución de la experiencia de Dios en muchas de nuestras vidas. El gobierno, la autoridad y la providencia del cielo se pueden experimentar plenamente solo cuando las normas del reino de Dios se convierten en la mayor prioridad de sus discípulos.

Para experimentar la vida al máximo y experimentar todo lo que Dios ha destinado para tu vida, Dios y su reino deben estar en primer lugar. El problema de la mayoría de nosotros hoy es que Dios es algo más en nuestra vida; no el primero. A menudo escucho a las personas decirme que no tienen suficiente tiempo para Dios; lo que en realidad me están diciendo es que Dios no está primero en sus vidas. Eso se debe a que una persona siempre tendrá tiempo para lo primero, para lo que más le importa.

Primero lo primero

Una y otra vez en las Escrituras leemos que Dios pide que le ofrezcamos los "primeros frutos" de todo lo que Él nos ha dado. Como apenas un ejemplo de muchos, leemos en Proverbios: "Honra a Jehová con tus bienes, y con las primicias de todos tus frutos" (3:9). Cuando Jesús reprendió a la iglesia de Éfeso, como está registrado en el libro de Apocalipsis, lo hizo por haber dejado su "primer amor" (Ap. 2:4). Jesús no estaba diciendo que no lo amaban. De hecho, los felicitó por ser personas honradas que habían "tenido paciencia, y [habían] trabajado arduamente por amor de [su] nombre, y no [habían] desmayado" (v. 3). Sin embargo, habían dejado su "primer amor". Ya no lo consideraban a Él como el primero en sus corazones o en sus vidas.

En Colosenses, este punto de la preeminencia de Cristo sobre todas las cosas se enfatiza aún más cuando leemos: "Él es la cabeza del cuerpo que es la iglesia, él que es el principio, *el primogénito* de entre los muertos, para que en todo tenga la preeminencia" (Col. 1:18). Dios nos deja en claro repetidas veces a lo largo de las Escrituras que se merece nada menos que el primer lugar en nuestras vidas.

La mayoría de nuestras casas tiene lo que se llama una "sala de estar". Sin embargo, esa sala tiene un nombre equivocado. Debería llamarse "sala de visitas", porque la mayoría de nosotros vive en el estudio, la cocina o el comedor diario. Recuerdo mi infancia en Baltimore cuando, ni bien pisaba la "sala de estar" me decían de manera rotunda que me fuera de allí inmediatamente. De hecho, incluso ahora cuando vuelvo de visita, nadie habita esa sala de estar. Casi ni se usa, y los muebles aún están cubiertos con fundas de plástico. Esto se debe a que la "sala de estar" para muchas personas está reservada para momentos o invitados especiales. Se llama sala de estar, a pesar de que pocas personas están en ella. Tiene un nombre equivocado.

Muchos de nosotros llamamos a Dios de manera equivocada. Le decimos "Señor", pero solo lo hemos confinado a la sala de visitas de nuestra vida. Lo visitamos el domingo y en nuestros tiempos de devocional, pero no vivimos con Él. No pasamos la mayoría de nuestro tiempo en su presencia. Lo que les falta a muchas personas es el principio de lo *primero*. Jesús dijo que debemos "buscar *primeramente*" a Dios y su reino, sobre todas las demás cosas de nuestra vida. Un discípulo del reino hace nada más y nada menos que eso.

Cuando no tratas a Dios como el Dios que reconoces, entonces no experimentas su reino ni sus beneficios. Jesús dice claramente que cuando pones a Dios y a su reino primero, entonces "todas estas cosas [te] serán añadidas" (Mt. 6:33). Poner a Dios primero es más que una mera declaración. También es la implementación de su autoridad (es decir, su reino) y sus normas divinas (es decir, su justicia) en nuestras vidas. Sin su reino y su justicia, Dios no es el primero.

Eso no significa que no tendrás problemas o dificultades en la vida; sino que estarás bien equipado para superar o atravesar tus problemas y dificultades.

Qué significa poner a Dios primero

Una forma clave de saber si estás poniendo a Dios primero en tu vida es preguntarte a quién te diriges cuando debes tomar una decisión. Cuando tienes un problema que resolver o necesitas orientación, ¿recurres primero a las personas? ¿Te ocupas primero de tus deseos? ¿O piensas primero en Dios, su Palabra y sus principios? Obtener la perspectiva de Dios sobre un asunto y luego aplicarla a la situación particular que te aflige es el principal revelador de la posición de Dios en tu vida y tu posición como discípulo.

Si eres padre, tal vez en algún momento hayas dicho esto a tus hijos: "¿Por qué no hablaste conmigo primero? Ojalá hubieras hablado primero conmigo". A menudo, los padres hacen saber a sus hijos que podrían haber evitado errores o problemas en la vida si simplemente hubieran buscado y seguido sus consejos como padres primero. Si bien esto se cumple en la crianza de los hijos, se cumple aún más con Dios. Muchas personas se preguntan por qué no escuchan a Dios ni experimentan su presencia permanente y su victoria en sus vidas. La respuesta de Dios a su pregunta es sencillamente: "Porque vienes a mí en último lugar. De hecho, primero recurres al mundo —un sistema que me deja afuera—, y luego vienes a mí cuando ya nada de eso funciona".

La clave del éxito como un discípulo del reino se encuentra en la palabra primero. Solo cuando damos prioridad al gobierno de Dios sobre cada área de nuestra vida encontramos el poder de la vida del reino.

Cuando las preocupaciones desaparecen

El contexto de Mateo 6:33 es fundamental para su comprensión. Cuando leemos los versículos circundantes, encontramos un tema recurrente. Leemos:

"Por tanto os digo: No os *afanéis* por vuestra vida..." (v. 25)
"¿Y quién de vosotros podrá, por mucho que se *afane*...?" (v. 27)
"¿Por qué os *afanáis*?" (v. 28)
"No os *afanéis*" (v. 31)
"Así que, no os *afanéis*" (v. 34)

¿Descubriste cuál es el tema? Sí, es la preocupación o el afán. Justo en medio de varios versículos que abordan nuestra tendencia humana a preocuparnos, Dios pone la verdadera solución a nuestra preocupación. Veremos este concepto en más detalle y cómo lograrlo en el capítulo sobre el discipulado individual (cap. 7). Por ahora, fíjate en la idea clave: Dios dice que si primero buscas su reino y su justicia, Él te concederá gustosamente todas las cosas que a menudo se convierten en el centro de tu preocupación.

Amigo, deberías poner el reino de Dios primero aunque no sea por otra razón que aliviar tu ansiedad y preocupación personal. Más de cuarenta millones de adultos en los Estados Unidos sufren de una forma diagnosticada de ansiedad, de acuerdo con la Asociación de Ansiedad y Depresión de los Estados Unidos. Innumerables millones más, sin duda, sufren de preocupación o ansiedad en niveles menos severos. La preocupación es un problema común que afecta a las personas hoy día. Ya sea que te preocupes por el trabajo, la seguridad, la salud, las relaciones, los ingresos, el terrorismo, el futuro o cualquier otra cosa, la preocupación se devora la capacidad de muchas personas de disfrutar el regalo de la vida que Dios les ha dado.

En Mateo 6:33 descubrimos un principio que afecta a todo, incluso el nivel de tu preocupación. Dios nos dice, mediante este principio fundamental para la vida del reino, que no tenemos por qué preocuparnos. Dios mismo —buscar su reino y su justicia— es el antídoto para la preocupación.

Un hombre corría un día para tomar su avión porque llegaba tarde al aeropuerto. Preocupado por la posibilidad de perder su vuelo, comenzó a esquivar a todos los que se dirigían hacia sus puertas de embarque con movimientos que harían enorgullecerse a cualquier jugador de la NFL. Al chocar con un hombre vestido con un uniforme de vuelo, se detuvo brevemente para pedirle disculpas. El hombre le preguntó por qué corría tanto, y él le dijo que estaba tratando de tomar su vuelo.

Conocer y creer lo que Dios promete disipa tu ansiedad y tu preocupación.

—¿A dónde viaja? —preguntó el hombre uniformado.

—Viajo a Austin —respondió el pasajero.

—Bueno, entonces, relájese y deje de preocuparse —dijo el hombre con una sonrisa—, porque soy el piloto y ese avión no irá a ningún lado sin mí.

Inmediatamente, el hombre que había estado corriendo por el aeropuerto preocupado por perder su vuelo pudo tranquilizarse y descansar. Esto se debe a que sabía dónde estaba el piloto. Saber dónde se encuentra Dios, conocer y creer lo que promete si lo buscas primero a Él, disipa tu ansiedad y tu preocupación cualquiera que sea el nivel.

En todos los problemas que enfrentas, cualquiera que sea la índole de los problemas que te mantienen en una derrota perpetua, ¿has puesto a Dios primero? ¿Has buscado honrarlo primero en tu corazón, tu actitud, tus decisiones y tus pensamientos? ¿Has buscado su sabiduría y su voluntad para saber cómo responder en esa situación? Si no lo has hecho, entonces adelante, preocúpate; porque necesitarás preocuparte. Sin embargo, si lo has hecho, entonces descansa, ¡Dios tiene todo bajo control!

Ayer, hoy y mañana

Mateo 6 culmina con un versículo que para muchos es más fácil recitarlo en su corazón que practicarlo. Dice: "Así que, no os afanéis por el día de mañana, porque el día de mañana traerá su afán. Basta a cada día su propio mal" (v. 34). La mayoría de las personas están crucificadas entre dos ladrones: el ayer y el mañana. Se sienten torturados hoy por lo que sucedió ayer, y están demasiado asustados hoy por lo que puede suceder mañana. ¿Sabes que hoy es el mañana del que te preocupaste ayer? En otras palabras, mientras estés en la tierra, nunca te quedarás sin un mañana. Siempre habrá un mañana. Entonces, hasta que aprendas a hacer hoy lo que hoy deberías hacer, aceptar el hoy y aprovecharlo, vivirás perpetuamente atado al ayer o al mañana, o incluso encadenado entre ambos.

Me gustaría retarte a cambiar algo. Pon a Dios primero, no segundo o tercero. Cuando lo hagas —como un discípulo del reino totalmente comprometido—, todo lo demás caerá en su lugar.

Haz que Dios sea primero en tus pensamientos, tus sueños y tus decisiones.

Ponlo primero en cómo pasas tu tiempo.

Ponlo primero en cómo ves el mundo que te rodea.

Ponlo en primer lugar, hónralo primero, dale primero a Él, y todo lo demás se ordenará.

Dios no dice que ponerlo primero es una petición, sino una demanda de un Rey digno. Sin embargo, si decides obedecer este principio en tu vida, cosecharás los beneficios de experimentar la vida abundante que puedes tener en Cristo. En otras palabras, Dios te respalda cuando lo pones a Él primero.

Muchos nunca llegan a ver cómo es cuando Dios cuida de

ellos, porque siempre están tratando de controlar, lidiar, resolver y lograr las cosas por sí mismos. Nunca experimentan en verdad la victoria de Dios sobre sus problemas, simplemente porque no lo ponen primero. Este es su reino y Él es el Rey legítimo, y ponerlo en cualquier otro lugar que no sea el primero es una necedad.

Ten presente que debemos buscar su "reino" y "su justicia". El *reino* es simplemente su gobierno y autoridad junto con su manifestación visible e integral en cada área de la vida. La *justicia* es la norma que Dios requiere para que las personas se relacionen rectamente con Él. Incluye cumplir con las pautas de gobierno que Él ha establecido como el Rey.

En otras palabras, si eres un discípulo del reino y quieres saber cuál es el camino correcto para ir, pensar, actuar, percibir, reaccionar o relacionarte, eso se llama justicia. La justicia, en su definición más simple, es la norma de Dios para la vida. Su reino y su justicia deben ser lo que cada uno de nosotros busque primero. Sin ellos, estaremos vagando sin rumbo y sin el apoyo y el respaldo de nuestro Rey.

En el béisbol, si no pisas la primera base, no importa qué más hagas. Si corres más allá de la primera base sin pisarla, no importa si pisas la segunda, la tercera o la base *home* [meta]. No importa que todos en las gradas te estén animando o aplaudiendo cuando llegues a la base meta; porque si no pisas la primera base, nada después de eso cuenta. Incluso el árbitro te marcará *out* [afuera] cuando el receptor te toque con el balón después que termines tu carrera y cruces la base meta.

Como un discípulo del reino, si no buscas el reino de Dios primero, todo lo demás es en vano; porque Él ha establecido su legítimo lugar de autoridad como el primero; y sin ese lugar, estás librado a tu propia suerte.

La prioridad: entrega y compromiso

Cuando se observa a la comunidad cristiana de hoy, con frecuencia se ve un caos. Matrimonios que se están desintegrando; mujeres y hombres solteros que luchan por sentirse realizados. El predominio de las deudas. Una preponderancia en las adicciones. Muchos asisten fielmente a la iglesia, pero viven en derrota. Entonces, concluyen: "Mi cristianismo no está funcionando". Están agotados, solos y tristes, desdichados y frustrados, cuando menos.

Muchos han llegado a la conclusión de que o bien esto llamado cristianismo no es real, o simplemente no es real para ellos. Sin embargo, hay una razón por la cual tantos creyentes bien intencionados no están alcanzando lo mejor de Dios para sus vidas. Esto se debe a que, sin la contraseña llamada "prioridad", no pueden acceder a todo lo que Dios tiene reservado para ellos. La forma en que expresas tu prioridad es a través de tu entrega a Dios y tu compromiso con Él.

Si tienes un teléfono inteligente, es probable que tengas una restricción de contraseña, de tal modo que si lo dejas inadvertidamente en alguna parte, un extraño —o incluso un amigo— no puede agarrarlo y leer tu información personal. Las contraseñas a menudo son fundamentales para todo el proceso llamado acceso, y la contraseña para vivir victoriosamente en el reino es esta palabra: *primero.*

He hablado bastante sobre el concepto de la prioridad en este capítulo, pero tal vez te preguntes: "Tony, ¿cómo es en la práctica? ¿Cómo puedo hacerlo?". En uno de mis capítulos favoritos de las Escrituras, Pablo nos da la ilustración visual de lo que significa poner a Dios primero. Leemos:

> Así que, hermanos, os ruego por las misericordias de Dios, que presentéis vuestros cuerpos en sacrificio vivo, santo,

> agradable a Dios, que es vuestro culto racional. No os conforméis a este siglo, sino transformaos por medio de la renovación de vuestro entendimiento, para que comprobéis cuál sea la buena voluntad de Dios, agradable y perfecta (Ro. 12:1-2).

El problema con muchos cristianos es que han creído en Jesús como su Salvador, pero aún no han tomado la decisión de convertirse en sus discípulos. No le han entregado su vida de tal manera como para ser un seguidor comprometido de Jesucristo. La diferencia entre tomar la decisión y seguir a Cristo es simplemente *rendirse.*

Lo que Pablo está diciendo en este pasaje es que Dios quiere que nos presentemos a Él. Dios quiere que nos pongamos en el altar. Tú y yo debemos presentarle nuestro cuerpo —eso significa toda nuestra vida— como un sacrificio en su altar. Ten en cuenta que, en los tiempos del Antiguo Testamento, cuando se colocaba un sacrificio en el altar, el sacerdote no se limitaba a poner la cabeza, las patas o una parte del cordero sobre el altar; sino que ponía todo el cordero sobre el altar. Lo que muchos creyentes hacen es poner una parte de su tiempo, sus talentos y sus bienes en el altar de Dios y suponen que es suficiente; pero no lo es. Dios quiere que te rindas por completo a Él.

De hecho, a lo largo de las Escrituras leemos que cada vez que Dios quería hacer algo grande en su pueblo, siempre requería un sacrificio primero. Tenía que haber algo presente que demostrara sinceridad y compromiso. La adoración no es cantar algunas alabanzas el domingo. La verdadera adoración, como se describe en Romanos 12, es entregarse totalmente a Dios. La verdadera adoración incluye la rendición.

Me gusta la historia del pollo y el cerdo. Ambos caminaban por la calle un día cuando llegaron a una tienda de comestibles con un cartel en la ventana que decía: "Se necesita urgente tocino y huevos". El pollo miró al cerdo y le dijo:

—Yo les daré huevos si tú les das tocino.

El cerdo miró al pollo y le respondió: —De ninguna manera.

—¿Por qué no? —preguntó el pollo.

—Porque para ti es una contribución, pero para mí es mi vida —fue la respuesta del cerdo.

Desdichadamente, hoy tenemos demasiados cristianos que solo están dispuestos a darle huevos a Dios, y después de hacerlo creen que ya le han dado suficiente. Se preguntan por qué Dios no obra milagrosamente en sus vidas. La razón es que Dios les ha pedido como seguidores del reino que se suban al altar y le entreguen todo. A veces los creyentes suben al altar y luego vuelven a bajarse.

Nuestro Rey nos ha pedido a cada uno de nosotros que le ofrezcamos nuestra vida como un "sacrificio vivo". Un "sacrificio" es, literalmente, un organismo muerto. Entonces, la interpretación más verdadera de este término es que debemos ser un "organismo vivo muerto". Debemos estar vivos para Dios, sus deseos y su voluntad mientras a la vez estamos muertos a nuestra carne pecaminosa y nuestra propia voluntad. Debemos rendirnos a Él. Rendirse es más que entregarse. Es consagrar toda nuestra energía, emoción, pensamientos y acciones a Él. Es una actitud que aparece en todo, porque el reino de Dios gobierna sobre todo. Por lo tanto, Dios merece ser nuestra máxima prioridad.

Rendirse es consagrar toda nuestra energía, emoción, pensamientos y acciones a Él.

Esto me recuerda el compromiso de los fanáticos del fútbol profesional americano durante la temporada de la NFL. El fútbol profesional americano es muy importante donde vivo. Los Dallas Cowboys pueden congregar a 80.000 fanáticos en el Estadio AT&T; 105.000 incluyendo el espacio para estar de pie en los grandes juegos. Se reúnen para participar en un servicio de adoración gigantesco. Lo llamo servicio de adoración, porque la adoración no es más que rendir homenaje a algo. Significa dar honor y respeto. Y también atención.

Cada partido de fútbol profesional americano solo tiene sesenta minutos de tiempo de juego. Sin embargo, es un "servicio" de una hora interesante, porque solo hay diecisiete minutos de actividad física real en este servicio de una hora. Esto se debe a que el reloj, por lo general, sigue funcionando mientras los jugadores están apiñados en círculo, rompen el círculo o esperan entre las jugadas. La cantidad real de tiempo en acción dentro del campo en cada partido de fútbol americano se reduce a alrededor de diecisiete minutos. Sorprendente, ¿verdad?

Sin embargo, esa realidad no afecta a los miles presentes en el estadio y a los millones sintonizados a través de la televisión, la radio y los teléfonos inteligentes. No les importan los diecisiete minutos de juego que conforman un partido de una hora, o que el tiempo transcurrido, incluidos los tiempos muertos, el medio tiempo y las revisiones de video de jugadas cercanas, en realidad consuman tres horas de su tiempo. Lo sé, porque siguen pagando altos precios por las entradas y permanecen en las gradas aunque el partido se alargue en tiempo suplementario. Créeme, si mi sermón se alargara alguna vez en tiempo suplementario, el lugar se vaciaría. "El almuerzo me está llamando, pastor".

Los entusiastas aficionados del fútbol americano tampoco

se quejan durante los descansos entre cuartos o en el medio tiempo. Cualquiera que sea el clima, no oyes a nadie quejarse porque tiene que caminar un largo trayecto para llegar al estadio. En cambio, puedes ver la emoción en sus rostros y la expectativa en el aire.

De igual modo, cuando el servicio se termine unas tres horas más tarde, habrá una o dos horas más para caminar hasta el automóvil, salir del estacionamiento y conducir a casa. Ese partido de diecisiete minutos se ha extendido a una experiencia de aproximadamente siete horas si cuentas el tiempo de viaje al estadio, el estacionamiento y el regreso a casa. Y aun así nadie se queja de ese compromiso.

Una vez que el partido ha terminado, los aficionados del fútbol quieren más. En el camino de regreso a casa, encienden la radio deportiva para escuchar disertar sobre lo que acaban de ver. Y una vez en casa —junto a los que ya están en casa que vieron la transmisión en vivo— miran los momentos más destacados del partido. A la mañana siguiente, abren la sección de deportes para volver a leer lo que acaban de ver.

Para prepararse para el próximo partido del fin de semana, esos hinchas escuchan la misma radio o televisión de deportes o leen las mismas secciones deportivas en el periódico. Incluso pueden agregar algo de fútbol fantasía. En otras palabras, el compromiso con el equipo de fútbol de su elección no parece un sacrificio.

Obviamente, los equipos de fútbol a veces tienen éxito y a veces no. Y sin embargo, darles el respeto y el honor que emanan de una actitud y una atmósfera de compromiso no parece demasiado exagerado para la mayoría de las personas.

Por el contrario, Dios, que nunca falla sino que es fiel, constante, proveedor y digno de nuestra adoración, a menudo solo recibe atención durante la oración de gratitud antes de la comida.

Tenemos un largo camino por recorrer en nuestra cultura con respecto a cuánto compromiso estamos dispuestos a hacer con el Señor como sus discípulos.

Relación o religión

Sin embargo, cuando buscamos poner a Dios en primer lugar en nuestro compromiso y nuestras prioridades debemos tener cuidado de que nuestras acciones estén basadas en la relación más que en las reglas. Con demasiada frecuencia las personas confunden la estructura con la entrega. Tachan cada ítem de la lista de deberes a cumplir y piensan que han puesto a Dios primero. En realidad, si Dios está primero, no necesitas una lista, porque naturalmente lo buscarás a Él, su corazón y sus caminos, por amor en tu entrega personal.

Siempre que la actividad religiosa, aunque sea sincera, triunfa sobre la relación, el creyente no experimenta la victoria de Cristo en su vida. Uno de los mayores peligros en nuestras iglesias hoy es que la religión reemplace la relación íntima con el Salvador. Por religión me refiero a la adhesión externa a los ejercicios, códigos o prácticas en nombre de Dios, pero separados de Dios. La religión es todo lo que haces por Dios que no surge de un corazón relacionado con Dios.

Una de las tareas que tuve en el seminario fue escribir un trabajo de investigación. Recuerdo ese documento en particular porque cuando lo entregué estaba muy orgulloso del trabajo que había hecho. Lo había hecho con diligencia. Había sido meticuloso con el material y había analizado todos los posibles elementos idiosincrásicos de los diversos argumentos. Me sentía muy satisfecho con mi trabajo.

Sin embargo, el profesor me lo devolvió con un cero rojo bien grande en la parte superior, junto con una nota más pequeña en la parte inferior. En letra garabateada, mi profesor había escrito escuetamente: "Tony, gran trabajo. Gran preparación. Tarea equivocada".

No era que no hubiera hecho un buen trabajo, sino que había hecho un buen trabajo de la tarea equivocada. Había investigado el tema equivocado. En consecuencia, no obtuve crédito por lo que había hecho. Vivir como un discípulo del reino no es diferente. No es que no haya personas que hagan gran cantidad de cosas buenas, como ayudar a los heridos y alentar a los deprimidos; sino que han descuidado la prioridad del reino. Han pasado por alto el vínculo relacional que surge a través de la entrega voluntaria y la relación intencional con Dios Padre y el Hijo. No han puesto a Dios primero en sus corazones. Y entonces experimentan pocas victorias y tienen poca autoridad en sus vidas.

Cuando estás motivado por la relación, la entrega fluye con naturalidad.

Amigo, las observancias externas —las reglas de la religión— pueden interferir en la relación. Cuando estás motivado por la relación, la entrega fluye con naturalidad. Hay una historia sobre una mujer que estaba casada con un hombre ingrato, controlador y dominante. Hacía veinte años que estaban casados. Ella hacía todo lo que estaba en la lista de cosas que su marido esperaba de ella; porque si no lo hacía, él le gritaba, la apartaba de él y la ignoraba.

Esta mujer abandonada tenía en el cajón de su escritorio una lista de todo lo que sabía que su marido quería de ella. Todos los días, ella trataba de tachar cada ítem de la lista. Después de dos décadas de intentar complacer a alguien que no podía estar contento, su esposo murió de un repentino ataque al corazón.

Unos años más tarde, esta mujer conoció y se enamoró de un hombre amable y generoso. Este hombre la trataba con respeto, honor y dignidad, y ella amaba su personalidad, su corazón y todo sobre él. Ella siempre se había considerado una mujer holgazana, por la pereza que le causaba hacer cada tarea de la lista de cosas que esperaba de ella su marido anterior. No tenía la motivación para hacerlo, y aunque lo hacía, pensaba que era holgazana porque, en definitiva, no quería hacer lo que estaba haciendo.

Sin embargo, la vida con su nuevo marido le ayudó a descubrir quién era ella. Era una mujer enérgica, trabajadora y diligente. De hecho, en un día cualquiera hacía mucho más de lo que hacía para su esposo anterior, y además lo hacía de buena gana y contenta.

Un día, mientras limpiaba su escritorio, la mujer encontró la lista anterior. Al darse cuenta de que todas las tareas que había en ella solían ser rutinarias y que ahora se habían convertido en un placer, se preguntó qué había cambiado. Entonces se dio cuenta de la simple verdad de que la relación la motivaba mucho más que las reglas.

El primer hombre la había dominado a través de reglas sin una relación. El segundo hombre le había ofrecido una relación que luego motivó esa respuesta de ella. La actividad era la misma; de hecho, era idéntica. Sin embargo, la motivación cambió los resultados así como las recompensas de la actividad.

Amigo, Dios quiere ser el primero en tu vida como tu Rey, pero quiere que su relación contigo sea el factor motivador para ti como un discípulo del reino. De lo contrario, simplemente estás tachando a regañadientes una tarea de la lista llamada religión y, por lo tanto, no puedes acceder a la fortaleza, la paz y el poder que provienen de su amor.

Servimos a un Dios formidable que es todopoderoso, pero nunca olvides que Él está más cerca de lo que crees. Él se interesa por ti. Su amor debe ser la pasión que te impulse a ponerlo a Él primero. Dios no quiere que lo sirvas solo porque debes hacerlo; sino que lo hagas porque lo amas. Él quiere que tu moralidad, tu vida de oración, tu dedicación a Él y todo lo demás esté basado en tu deseo de cultivar una relación con Él más que por un deber religioso.

En lugar de distinguirte por lo que haces, quiere que te distingas por conocer y representar a Jesucristo. Esto significa que tu raza, tu clase social, tu cultura, tu estado económico y tu afiliación política deben ser todos secundarios con respecto a tu relación con Dios. Permite que Él gobierne sobre cada aspecto de tu vida. Recuerda que lo único que Dios no puede es ser segundo.

Capítulo 3

La confesión valiente

Una de las maneras en que Lois y yo logramos terminar el seminario con un presupuesto tan ajustado fue a través del cuidado de casas. Cuidar casas era un trabajo codiciado para estudiantes del seminario pobres como nosotros, porque nos daba la oportunidad de administrar algo mucho mejor de lo que estaba a nuestro alcance en ese momento. Cuando las familias adineradas de la zona del norte de Dallas se iban de vacaciones por un período prolongado, a menudo llamaban al seminario para pedir que una pareja casada fuera a vivir a su casa en ausencia de ellos. De esa manera, personas de confianza cuidaban sus propiedades mientras ellos no estaban.

Durante un breve período de tiempo, los estudiantes del seminario con dificultades financieras vivían como reyes y reinas. Estas viviendas parecían palacios en comparación con los alojamientos donde los estudiantes acostumbraban a vivir. Además, el propietario suele almacenar alimentos selectos en la refrigeradora y el congelador, y les dicen: "Siéntase como en casa". De hecho, el cuidado de la propiedad generalmente solía estar disponible con solo unas pocas restricciones.

Recuerdo una ocasión en particular cuando estábamos en

una casa y el propietario tenía un Porsche guardado en el garaje. Cuando se fue, me dijo que podía dejar mi antiguo y destartalado Grand Prix y conducir su Porsche. Créeme que no tuvo que decírmelo dos veces. Conducía ese Porsche hasta el seminario y regresaba a casa por la ruta más larga, pero al llegar a casa mi esposa siempre me recordaba: "Ese Porsche no es tuyo, Tony". De hecho, me recordaba que la casa tampoco era mía. Solo estábamos administrando lo que otro había adquirido con trabajo a través del tiempo.

Dios prestó una casa llamada Edén para que Adán y Eva la supervisaran y administraran. No era de ellos, pero Dios les dio la libertad de disfrutarla, usarla y optimizarla. De hecho, les dio una gran libertad con una sola restricción: no comer del árbol que estaba en medio del huerto.

Dado que Satanás quería adueñarse de todo, hizo que Adán se rebelara contra Dios a sabiendas. Ten en cuenta que las Escrituras declaran que Eva fue engañada, pero que Adán cayó en pecado con los ojos bien abiertos. Debido a su rebelión contra Dios, perdió la corona que Dios le había puesto. Adán le entregó el dominio de la tierra al diablo.

Restauración de la autoridad perdida

En lo más profundo del reino yace este concepto del dominio y la autoridad. Dios le dijo al primer Adán: "Fructificad y multiplicaos; llenad la tierra, y sojuzgadla, y *señoread* en los peces del mar, en las aves de los cielos, y en todas las bestias que se mueven sobre la tierra" (Gn. 1:28). Dios creó a la humanidad para ejercer dominio.

Sin embargo, el hombre renunció a su dominio cuando se dejó engañar por Satanás. El reino terrenal, que se esperaba que funcionara bajo el reino celestial, fue transferido al reino del diablo. Sin embargo, había un problema: Dios había determinado que trabajaría solo a través de la humanidad para establecer el gobierno de su reino en la tierra (Sal. 8:3-6). Él no iría en contra de su plan. Entonces, para trabajar a través del hombre, en lugar de descartarlo, tuvo que ejecutar otro plan en la historia. Necesitaba un segundo Adán. En 1 Corintios 15 leemos: "Porque por cuanto la muerte entró por un hombre, también por un hombre la resurrección de los muertos. Porque así como en Adán todos mueren, también en Cristo todos serán vivificados" (vv. 21-22).

Además, en el versículo 45 leemos: "Así también está escrito: Fue hecho el primer hombre Adán alma viviente; el postrer Adán, espíritu vivificante". Si quieres entender toda la historia, necesitas entender una palabra: *Adán*. Está el Adán número uno y el Adán número dos, y ambos forman el compendio simplificado de la historia.

La historia es el proceso mediante el cual Dios nos está devolviendo al huerto. De hecho, la historia misma terminará en el mismo lugar donde comenzó. El huerto se llamará la "Nueva Jerusalén", el lugar preparado para aquellos de nosotros que creemos en Jesucristo como Señor y Salvador cuando morimos. A menudo nos referimos a ese lugar como "el cielo", pero lo que muchos cristianos no entienden es que gran parte de su tiempo en la otra vida lo pasarán en la tierra. Esto se debe a que el propósito de Dios para la humanidad era la tierra. Viviremos en una " tierra nueva", con acceso a nuestro universo transformado. Y todo esto es posible gracias a la reivindicación del dominio que consiguió el segundo Adán, Jesucristo. Cuando el primer Adán no cumplió debidamente el pacto del dominio para gobernar, Jesucristo vino, como el segundo Adán, para reinstaurarlo.

Cuando el primer Adán se rebeló contra Dios, la Biblia nos

dice que la muerte cayó sobre todos nosotros (Ro. 5:12). Todos los que vinieron después heredaron la maldición de la muerte, desde Adán hasta Moisés y más allá (v. 14). Su destino nos fue imputado como el destino de la raza humana, porque cada uno de nosotros está "en" Adán. Sin embargo, Dios declaró una profecía en el libro de Génesis que terminaría con la separación espiritual del hombre. Leemos en Génesis 3 cuando Dios habla de Satanás: "Y pondré enemistad entre ti y la mujer, y entre tu simiente y la simiente suya; ésta te herirá en la cabeza, y tú le herirás en el calcañar" (v. 15). Ten en cuenta que "cabeza" se refiere a gobierno: dominio y autoridad. La simiente de la mujer aplastará la cabeza de la serpiente o el diablo. En otras palabras, Dios estaba diciendo que alguien que nacería de una mujer vencería al diablo y afirmaría el gobierno y la autoridad sobre la tierra.

La simiente del plan de Dios

Lo más interesante en este versículo es cómo Dios eligió expresarlo. Normalmente, cuando se habla de una "simiente", se habla de la simiente de un hombre. El hombre porta la "simiente" mientras que la mujer porta el óvulo. Dios había determinado hacer algo único al procrear un ser humano sin la simiente de un hombre humano, sino con la simiente de una mujer vinculada a su propia divinidad. De esa manera, Él crearía al Dios-Hombre perfecto, Jesucristo, quien luego suministraría otro plan u oportunidad para recuperar el dominio que había perdido el primer Adán.

Su plan perfecto me recuerda nuestros propios planes humanos, que a veces funcionan. En el fútbol americano, los entrenadores intentan tener planes alternativos. Hace años, como capellán de los Dallas Cowboys, en ocasiones practicaba con el equipo e incluso hacía pases con Tony Dorsett y Drew Pearson. Básicamente, estaba cumpliendo el sueño de mi niñez. Sin embargo, al mismo tiempo, también aprendí algunas de sus jugadas. Una jugada muy simple se llamaba "patrón de vuelo": el receptor "volaba" por el campo mientras el mariscal de campo lanzaba el balón para tratar de anotar un *touchdown* en una jugada.

A menudo, el equipo agregaba un "voleo" al juego. El voleo es la jugada que hace el *halfback* [corredor] cuando corre hacia un lado en caso de que el mariscal de campo esté en problemas. Si la defensa decide atacar al mariscal de campo y acortar su tiempo para posicionarse para el pase, recurre al plan B, el voleo, y le lanza el balón al corredor. Este plan alternativo a veces está disponible para el mariscal de campo.

De manera similar, el Dios sabio y omnisciente tenía otro plan para la humanidad. Cuando Satanás decidió atacar el plan de Dios y "destituir" a la humanidad, Dios anunció su plan perfecto. Le lanzó el balón al segundo Adán, Jesucristo, para que Él llevara a cabo los propósitos de Dios e hiciera avanzar su reino en la tierra. Esa es la jugada con la que Satanás no contaba.

Cuando Satanás escuchó por primera vez que el extraordinario plan de Dios involucraba la simiente de la mujer, comenzó una larga búsqueda para matar a esa simiente. Primero tentó a Caín, quien mató a su hermano, Abel; pero Dios permitió que Eva diera a luz a otra simiente: Set. Después de eso, Satanás trató de contaminar la simiente de la humanidad cuando hombres endemoniados tuvieron relaciones con las mujeres (Gn. 6:1-4). Entonces, después de que la maldad del hombre aumentó desmedidamente, Dios destruyó a toda la humanidad excepto a la familia de Noé (vv. 5-8).

Básicamente, puedes leer todo el Antiguo Testamento, y

verás que esta situación se repite una y otra vez: Satanás que lucha con la humanidad, y hombres y mujeres que luchan con el pecado y caen continuamente en la depravación de sus maldades, mientras solo en ocasiones vuelven a Dios. Después de llegar al final del Antiguo Testamento, llegamos a un período de silencio de cuatrocientos años. Entonces, el escritor en la Biblia, Mateo, comienza el Nuevo Testamento con la genealogía de la simiente de Jesucristo (Mt. 1:1-16, ver también Lc. 3:23-38).

Hasta ese momento, Dios usó hombres para extender su reino en la tierra. Sin embargo, ahora Dios se hizo hombre en la persona de Jesucristo. A través de un nacimiento virginal, dio la oportunidad para que la tierra volviera a posicionarse correctamente con Él y su reino. En Jesucristo, tanto el cielo como la tierra pronto se unificarían. Incluso entonces, una vez más, Satanás trabajaría entre bastidores para tratar de deshacerse de la simiente profética influyendo en Herodes para que emitiera el decreto de matar a cada niño menor de dos años en el tiempo del nacimiento de Jesús.

Sin embargo, debido a que los intentos de Satanás fracasaron, Jesús pudo vivir una vida sin pecado, resucitar de los muertos, ascender al cielo y reclamar el reino que el primer Adán había abandonado. A través del poder de la cruz y la resurrección, hoy Jesucristo tiene la máxima autoridad en nuestra vida. Satanás ya no posee la autoridad final en las vidas de los creyentes o en esta tierra.

El poder frente a la autoridad

Dios sabe eso y Satanás también, pero Satanás no quiere que los discípulos del reino de Jesucristo lo sepan. Entonces trata de intimidar, presionar y mentir en un intento de hacer creer a los seguidores del reino que todavía tiene poder sobre ellos. Y la razón por la que tantas personas no viven una vida que refleje el reino de Dios es que han perdido de vista la realidad de que Jesucristo ha neutralizado, despojado e invalidado la autoridad de Satanás en la cruz.

Dios le ha dado a su Hijo la máxima autoridad sobre lo que sucede en la tierra. Sometió todas las cosas bajo su dominio. Como leemos en Efesios: "y sometió todas las cosas bajo sus pies, y lo dio por cabeza sobre todas las cosas a la iglesia, la cual es su cuerpo, la plenitud de Aquel que todo lo llena en todo" (Ef. 1:22-23).

Sin embargo, a menudo no vivimos a la luz de esta verdad. La razón es que confundimos los términos "poder" y "autoridad". Satanás aún tiene poder. Todavía domina el mundo en que vivimos e influye en las vidas de las personas de incontables maneras. Él es tan poderoso ahora como lo ha sido siempre. Sus tácticas y su destrucción son reales y dañinas; pero lo que no tiene es la autoridad final. *La autoridad es el derecho de usar el poder que posees.*

Por ejemplo, en el campo de fútbol los jugadores son más grandes y fuertes —más poderosos— que los árbitros. Los árbitros son mayores en edad y más débiles de contextura y de resistencia física que los jugadores. Los jugadores pueden derribarlos: poder. Sin embargo, los árbitros pueden sacar a los jugadores del juego: autoridad. Satanás tiene poder, pero la única manera de ser libre de usar ese poder sobre las vidas de individuos, familias, iglesias o incluso de la sociedad en general es cuando los cristianos no operan bajo la autoridad legítima del Señor Jesucristo. Satanás no tiene la autoridad de usar su poder cuando los discípulos funcionan bajo la cobertura de Jesucristo.

Esta es la razón por que Satanás hará todo lo posible para que las personas y las instituciones divinas se desvíen del señorío de Jesucristo. Él sabe que si puede sacarlos de la cobertura de Cristo, tiene el camino libre para engañarlos y destruirlos como lo prefiera. Bajo la cobertura del señorío de Cristo los discípulos están protegidos. Esta cubierta protectora se conoce en las Escrituras como pacto. El pacto es el instrumento mediante el cual Dios supervisa y ejecuta el programa de su reino.

Colosenses 1:13 dice que Dios "nos ha librado de la potestad de las tinieblas, y trasladado al reino de su amado Hijo". Dios nos rescató de la autoridad de las tinieblas y del reino equivocado. Al rescatarnos, nos transfirió y puso nuestra vida bajo el gobierno de Cristo. La palabra "Cristo" o "Mesías" significa "ungido". El Padre ha designado a Jesucristo como el Rey sobre toda la tierra. El objetivo de la historia es reunir todas las cosas para reconocer su autoridad (Ef. 1:10, 22, 23). Por lo tanto, el discipulado es un asunto del reino.

Miembros de un nuevo reino

Los creyentes solían pertenecer al reino y el dominio de Satanás antes de conocer a Cristo; pero ahora los cristianos son parte de un nuevo reino del cual Jesucristo es el Rey. Para gobernar la vida y las instituciones de los discípulos del reino, Satanás debe hacer que abandonen el reino de Jesucristo y vuelvan al suyo.

Mucho de esto sucede a través de la división de lo secular y lo sagrado. Las personas asisten y participan de la iglesia bajo un solo reino. Luego salen al mundo de lunes a sábado y se mueven bajo la influencia de otro reino. Hacen estudios de la Biblia en un reino. Luego socializan con amigos de otro reino. Básicamente, somos testigos de este cambio de un reino a otro, y luego nos preguntamos por qué no hay más victoria y poder en las vidas, los hogares, las iglesias y las comunidades.

La respuesta es simple: Satanás está gobernando la vida de los cristianos porque le están cediendo el poder, no a través de la autoridad legítima que él tenga, sino simplemente porque no han puesto sus pensamientos y decisiones bajo el señorío de Jesucristo. Al alejarnos de la unión con Cristo bajo su autoridad como sus discípulos, para lo cual fuimos creados, perdemos la autoridad. Al no darle a Jesucristo el lugar adecuado —el primer lugar que se merece— en nuestras vidas personales, hogares, iglesias y el mundo, perdemos su cobertura.

Toda la vida para un discípulo del reino debiera resumirse en el reconocimiento y la sumisión al señorío de Jesucristo. Después de todo,

> Él es la imagen del Dios invisible, el primogénito de toda creación. Porque en él fueron creadas todas las cosas, las que hay en los cielos y las que hay en la tierra, visibles e invisibles; sean tronos, sean dominios, sean principados, sean potestades; todo fue creado por medio de él y para él. Y él es antes de todas las cosas, y todas las cosas en él subsisten; y él es la cabeza del cuerpo que es la iglesia, él que es el principio, el primogénito de entre los muertos, para que en todo tenga la preeminencia (Col. 1:15-18).

Con la resurrección y la exaltación de Jesucristo, ha sido puesto como cabeza sobre todo dominio y autoridad. Él tiene la potestad absoluta. Cuando una persona acepta a Jesucristo como Aquel que llevó su pecado, se traslada de reino. Entonces, Jesucristo debe tener la preeminencia en su vida. Debe tener el primer lugar en todas las cosas. Solo cuando sus representantes celestiales reconocen y se someten al señorío de Cristo, pueden hacer que el poder y la autoridad del reino de Dios sean visibles en la tierra. Dios declara explícitamente que su propósito es poner toda la tierra bajo el dominio de Jesucristo (Ef. 1:9-10).

La mejor forma de ilustrar el traslado de reino es con lo que sucede cuando una mujer soltera se casa. Cuando ella contrae matrimonio, se traslada del reino de su padre al reino de su esposo. Ya no está bajo el liderazgo de su padre, sino bajo el liderazgo de su esposo. La forma más segura de tener problemas en una familia es que una mujer casada acuda a su padre para desautorizar a su esposo en las decisiones de su vida. Cuando eso sucede, será inevitable que haya un conflicto de reinos.

Como hijos de Dios, hemos sido trasladados del reino de las tinieblas al reino de Jesucristo. Los problemas surgen cuando comenzamos a escuchar al antiguo jefe, Satanás, quien posee y dirige el reino de las tinieblas. Esto nos lleva a un conflicto directo con el reino de Dios. Colosenses 2 nos da una amplia perspectiva de la naturaleza explosiva y poderosa de nuestra unión con Cristo cuando estamos alineados apropiadamente bajo el dominio de su reino. Leemos:

> Cuídense de que nadie los cautive con la vana y engañosa filosofía que sigue tradiciones humanas, la que está de acuerdo con los principios de este mundo y no conforme a Cristo. Toda la plenitud de la divinidad habita en forma corporal en *Cristo*; y en él, que *es la cabeza de todo poder y autoridad*, ustedes han recibido esa plenitud. Además, en él fueron circuncidados, no por mano humana, sino con la circuncisión que consiste en despojarse del cuerpo pecaminoso. Esta circuncisión la efectuó Cristo. Ustedes la recibieron al ser sepultados con él en el bautismo. En él también fueron resucitados mediante la fe en el poder de Dios, quien lo resucitó de entre los muertos (2:8-12, NVI).

Del mismo modo, leemos en Efesios: "Aun estando nosotros muertos en pecados, nos dio [Dios] vida *juntamente* con Cristo (por gracia sois salvos), y juntamente *con* él nos resucitó, y asimismo nos hizo sentar en los lugares celestiales *con* Cristo Jesús" (2:5-6).

Para aplicar esta verdad a cada vida individual, si eres un creyente en Jesucristo, entonces, cuando Cristo murió, tú moriste con Él. Cuando Cristo resucitó, resucitaste con Él. Cuando Cristo se sentó a la diestra del Padre, te sentaste con Él. En otras palabras, Dios te hizo seguir la misma secuencia de Jesucristo.

Para que puedas acceder legítimamente a su autoridad soberana sobre todas las cosas, tú y tu vida deben sujetarse a su dirección. Esto incluye tus pensamientos, tus decisiones, tus palabras y tu perspectiva. Cuando te posicionas correctamente bajo Él y su Palabra, su autoridad se manifiesta en tu propia vida para extender el reino de Dios en la tierra.

Una persona puede acudir a todos los servicios de la iglesia que desee, leer todos los libros espirituales que desee —de hecho, puede declarar y confesar lo que quiera—, pero hasta que se coloque bajo el gobierno integral de Dios en cada área de su vida, no comprenderá ni aprovechará al máximo el dominio y la autoridad que Él ha destinado para esa persona.

Sentado en el cielo con Cristo

Dios ha designado a un regente, Jesucristo, a quien ha puesto sobre todos para gobernar la tierra. Creer en Dios no es suficiente para acceder a la autoridad que viene a través de Cristo. Invocar el nombre de Dios tampoco es suficiente. La relación con Jesucristo es la que determina lo que sucede en la tierra, porque Él ha sido colocado por encima de todo poder y toda autoridad, y en virtud de quién es Él, exige el primer lugar.

Debido a que Jesús está sentado a la diestra de Dios (el lado del poder de Dios), sus seguidores también están sentados allí con Él (Ef. 2:6).

Sé lo que estás diciendo: "Pero, Tony, ¿cómo puede alguien estar en dos lugares a la vez?". Bueno, lo hacemos todo el tiempo a través de la tecnología. Puedo estar físicamente en Dallas, pero también puedo estar en Chicago a través de Skype. Puedo estar sentado en mi casa de Dallas y participar en una reunión de la junta en Atlanta. A través de la tecnología humana, podemos estar en dos lugares a la vez.

Ahora bien, si el hombre puede producir tecnología que nos sitúa en dos lugares a la vez, entonces ¿no crees que el Creador del universo puede hacer lo mismo? Estás físicamente en la tierra, pero debes actuar desde tu posición en el cielo. Estás sentado con Cristo en los lugares celestiales. Lo que el enemigo hace es tratar de mantenerte físicamente en la tierra y que actúes físicamente desde tu posición en la tierra.

Si puede hacer creer a los creyentes que estamos aquí sujetos a las reglas de su reino en lugar de acceder a la autoridad de Jesucristo en los lugares celestiales, puede mantenernos perpetuamente en derrota y nuestra vida en corrupción. La única autoridad que es final es la autoridad que proviene de Cristo. Esto significa que cada uno de nosotros debe actuar con una perspectiva divina y no humana.

¿Alguna vez has estado viendo televisión por cable cuando la imagen desaparece y en la pantalla aparecen las palabras "buscando señal"? Eso es lo que les ha sucedido a muchos creyentes que no viven bajo el señorío de Jesucristo. No pueden acceder a su legítima autoridad. No es que no tengan la capacidad de acceder a su autoridad, sino que han recibido una interrupción de la señal. Le han permitido al enemigo interferir de algún modo en la comunicación y la posición que tienen con Jesucristo como discípulos del reino.

Nuestra confesión de Cristo

La palabra "confesar" significa afirmar públicamente y declarar la posición de una persona con respecto a un asunto; significa decir lo mismo. Parte de posicionarse bajo la autoridad de Jesucristo implica la voluntad de declarar y demostrar públicamente un compromiso y una asociación con Él. Para decirlo de otra manera, si eres un agente cristiano secreto, es porque no has hecho a Jesús el Señor de tu vida. Leemos en el libro de Mateo:

> A cualquiera, pues, que me confiese delante de los hombres, yo también le confesaré delante de mi Padre que está en los cielos. Y a cualquiera que me niegue delante de los hombres, yo también le negaré delante de mi Padre que está en los cielos (10:32-33).

Basado en este versículo, la pregunta es: si fueras acusado de ser cristiano en tu trabajo, ¿habría suficiente evidencia para condenarte, o serías declarado inocente de todos los cargos? Jesús establece un vínculo claro entre el reconocimiento público de sus seguidores y la confesión de Él ante los hombres y su confesión de nosotros ante el Padre. Ahora bien, ten en cuenta que Jesús no dice "si confiesas a *mi Padre* ante los hombres, yo te confesaré ante Él". Es fácil decir que crees en Dios. La gente le atribuye tantas definiciones variantes a la única palabra "Dios", que decir "Dios" ya no significa mucho. Sin embargo, cuando confiesas públicamente a Jesucristo, todos saben de quién estás hablando. El nombre de Jesús es por demás específico.

Confesar a Jesús públicamente se puede comparar con los votantes que declaran delante de la gente al candidato que están apoyando. Muestran su apoyo de diversas formas, incluidas calcomanías, letreros y manifestaciones. No se avergüenzan de estar asociados con él. También se puede comparar con una persona casada que lleva un anillo de bodas en el dedo anular como una declaración pública de que existe una relación legal y vinculante con otra persona. Ahora bien, esa persona puede casarse y optar por no usar su anillo de bodas para que nadie sepa que está casada, pero dudo de que su cónyuge se alegre de tal decisión.

Hoy día, hay muchos cristianos que se han casado con la familia de Dios como la novia de Jesucristo pero no quieren usar su anillo de bodas. No hacen una confesión valiente. No quieren que otras personas sepan que están unidas a Jesús en una relación de pacto: el nuevo pacto dentro del corazón de las personas (Jer. 31:31-34; Mt. 26:27-28). En cambio, como Pedro, cuando no les conviene que los asocien con Jesús, simplemente dicen: "No conozco a ese hombre". Sin embargo, debido a esa decisión, Jesús aclara que cuando lo invoquen a Él y esté actuando como Mediador entre ellos y Dios, el Padre, Él también negará conocerlos. Mientras un cristiano sea un santo agente secreto, entonces no podrá acceder o aprovechar al máximo ni el poder del reino ni la autoridad que le pertenece por derecho propio a través del señorío de Jesucristo.

Jesús declara que la disposición de una persona a confesarlo se convierte en la señal de su seriedad hacia Él. Es mucho más que creer en Dios. De hecho, Satanás cree en Dios. El posicionamiento bajo el señorío de Cristo —ponerlo en primer lugar— implica declarar públicamente y demostrar una asociación con Él en palabras y hechos, y someterse a su gobierno sobre cada área de la vida.

Cuando mi hijo Jonathan jugaba fútbol americano, era un

fullback [corredor de poder]. El trabajo de un *fullback* normalmente consiste en intervenir a favor del *halfback* [corredor]; solo en ocasiones lleva el balón. En cambio, el *halfback* recibe el balón y el *fullback* sale frente a él para bloquear al rival que intente hacerle un tacle. La misión del *fullback* es deshacerse del rival para que el *halfback* pueda atravesar la línea.

El trabajo a tiempo completo de Jesús como Señor y Salvador es intervenir a favor de cada uno de nosotros como discípulos de su reino. Satanás, nuestro enemigo, está tratando de derrotarnos. Está tratando de derribarnos; pero lo que debemos saber es que tenemos un bloqueador al frente.

No obstante, Jesús ha expresado claramente que no va a intervenir en favor de ninguno de nosotros si no lo reconocemos o confesamos. ¿Por qué debería Él intervenir en la vida de alguien que simplemente negará que Él esté allí? Estoy seguro de que no te gusta la sensación que experimentas cuando alguien te ha usado. Se ha aprovechado de lo que tienes para ofrecer, ya sea en tu hogar, en una relación, en la iglesia o incluso en tu trabajo. Ha cosechado beneficios gracias a ti, pero no te otorga ninguna recompensa ni te adjudica el mérito. Es como si ni siquiera hubieras sido parte de los éxitos que ahora está disfrutando a pesar de que fuiste parte integral de ello.

La próxima vez que surja una situación en la que se requiera que ayudes a esa persona, tu motivación para hacerlo podría ser mucho menor que antes. Eso se debe simplemente a que a nadie le gusta sentirse usado. Somos seres relacionales, y valoramos que nos reconozcan en nuestras relaciones.

Jesús no es diferente. ¿Por qué debería Él transformar nuestras vidas solo para que lo olvidemos? Él está diciendo: "Confiésame delante de los demás, y yo cuidaré de ti. Ignórame, hazme al margen o fuera de tu vida… y tendrás que cuidarte tú mismo".

La pregunta para los cristianos hoy es: "¿Quieres cuidarte tú mismo? ¿O quieres que Jesús cuide de ti?".

Confiesa y cree

En el libro de Romanos, Pablo escribe un excelente documento sobre teología para la iglesia cristiana. Sin embargo, en Romanos 10 incluye dos versículos que han confundido a muchos a lo largo de los años. Estos dicen:

> Si *confesares* con tu boca que Jesús es el Señor, y *creyeres* en tu corazón que Dios le levantó de los muertos, serás salvo. Porque con el corazón se cree para justicia, pero con la boca se confiesa para salvación (vv. 9-10).

En estos dos versículos leemos que tenemos que hacer dos cosas para ser salvos: confesar con nuestra boca y creer en nuestro corazón. El problema surge, porque en otros pasajes del Nuevo Testamento dice que para ser salvos solo tenemos que hacer una cosa: creer (Jn. 3:16; Hch. 16:31; Jn. 5:24; Ro. 4:4-5). Sin embargo, en Romanos 10:9-10, tenemos que hacer una segunda cosa: confesar. Entonces, o bien la Biblia se contradice, o este pasaje de Romanos debe significar otra cosa.

La respuesta a ese dilema está en el contexto del pasaje. Pablo no está instruyendo a los pecadores sobre cómo ser justificados en este pasaje; sino sobre cómo ser librados (salvados). Debes creer en el Señor Jesucristo para ir al cielo, pero debes confesar al Señor Jesucristo para que el cielo venga a ti.

Déjame explicarte. Cuando una persona acepta a Jesucristo como su Salvador personal (es decir, cree que Jesús es el Redentor que le da paz con Dios por medio de su sacrificio en la cruz), se le imputa la justicia de Cristo como su propia justicia. Es salvo, en el sentido eterno de la palabra. Sin embargo, cuando hace una confesión pública de Jesucristo como su Señor, recibe la salvación para esta vida en la tierra.

La palabra "salvo" significa ser rescatado o librado. La razón por la que muchas personas que van al cielo no experimentan el cielo en la tierra es porque han creído, pero no han confesado. En otras palabras, han declarado para sí en quién creen para recibir la salvación. Han puesto su fe en Jesucristo para el perdón de sus pecados; pero no han hecho una confesión o declaración pública continua de Jesucristo como su Señor, ya sea en palabras o hechos.

En los tiempos bíblicos en Roma, los cristianos debían comparecer ante los magistrados, porque declaraban a Jesús como Señor tanto en lo que decían como en lo que hacían. El término "Señor" significa soberano o máxima autoridad. Las autoridades romanas exigían a los cristianos que declararan al César como Señor y negaran a Jesús como soberano y máxima autoridad. Creer en Jesús no hacía que ahorcaran o arrojaran a los cristianos a los leones como diversión; sino creer en Jesús como el legítimo Rey y Señor. Hay una diferencia.

Declarar a Jesús como tu Salvador te lleva al cielo, pero declarar a Jesús como tu Amo o Señor trae el cielo a tu vida.

Con frecuencia, a lo largo del Nuevo Testamento, los discípulos y los apóstoles se referían a sí mismos como esclavos. Observa que el libro de Romanos empieza con estas palabras: "Pablo, siervo de Jesucristo..." (Ro. 1:1). Un siervo deriva de la palabra griega *doulos*, que literalmente significa "esclavo". Un esclavo es alguien que tiene un amo o un señor. Declarar a Jesús como tu Salvador te lleva al cielo, pero declarar a Jesús como tu Amo o Señor trae el cielo a tu vida.

Reconocer tu lugar legítimo bajo Jesús como su *doulos* o esclavo te otorga el derecho de compartir su autoridad en la tierra.

La razón por la cual podríamos no ver que Dios rescate y libre más vidas individuales, hogares, iglesias y comunidades es porque tienen a Jesús como su Salvador, pero no como su Señor. Nosotros, el cuerpo colectivo de Cristo, no somos sus esclavos. No somos discípulos del reino. Ten presente que el trabajo de un esclavo es hacer lo que el amo le dice. Es tan sencillo como eso.

Desdichadamente, hoy día Jesús tiene que competir con demasiados otros amos en la vida de la mayoría de nosotros. Algo importante para recordar es que Jesús no está dispuesto a ser uno entre muchos. No está dispuesto a ser parte de una asociación o club. Tampoco está dispuesto a ser relegado como asistente personal. Jesús como Señor quiere decir que Jesús es el amo y la máxima autoridad. Es el que manda y al que debemos reconocer en todo lo que hacemos. El problema es que demasiadas personas quieren un Salvador, pero no un Señor. Debido a ello, hoy día muchas personas están experimentando el resultado de negar a Cristo públicamente. Y Cristo también las está negando ante Dios, el Padre.

¿Cómo ocurre esta negación? Lo podemos ver en tres pasajes del Antiguo y el Nuevo Testamento:

> Porque todo aquel que invocare el nombre del Señor, será salvo (Ro. 10:13).

> Pablo, llamado a ser apóstol de Jesucristo por la voluntad de Dios, y el hermano Sóstenes, a la iglesia de Dios que está en Corinto, a los santificados en Cristo Jesús, llamados a ser santos con todos los que en cualquier lugar invocan el nombre de nuestro Señor Jesucristo, Señor de ellos y nuestro (1 Co. 1:1-2).

Y todo aquel que invocare el nombre de Jehová será salvo (Jl. 2:32).

Estos son solo algunos pasajes, pero podemos ver claramente que están dirigidos a aquellos que ya son salvos desde un punto de vista eterno. Son "llamados a ser santos". La palabra "salvo" no significa salvación en la eternidad. En el contexto de estos pasajes, y del pasaje que leímos antes en Romanos 10, se refiere a la salvación de Dios en la tierra. Invocar el nombre del Señor trae el cielo a tu vida aquí en la tierra.

Déjame explicarte cómo funciona esto. Digamos que necesitara invocar a Dios para que me libre de alguna dificultad o circunstancia que esté enfrentando. Es demasiado para soportar o superar por mí mismo y necesito que me libre. Entonces invoco el nombre del Señor. Cuando eso sucede, Dios Padre mira a Cristo, el Hijo, y le dice: "Hijo, Tony Evans acaba de llamarme, porque quiere que lo libremos de una situación particular. ¿Qué dices?".

La respuesta de Jesús a esa pregunta estará totalmente condicionada al nivel de nuestra confesión. Según Romanos 10:9-10, si no has confesado el nombre del Señor que invocas, Él podría negar tu petición. Para experimentar la autoridad y el poder del cielo en la tierra, una persona debe estar dispuesta a confesar a Jesucristo como Señor, públicamente, en todo lo que hace y dice.

Tú crees en Él para la salvación eterna. Lo confiesas ante los hombres para ser librado en la tierra. Tanto su inversión como su participación en tu vida dependen de tu declaración pública, en palabras y hechos, de que Él es el Señor. Pablo le dijo a Timoteo con denuedo: "Por tanto, no te avergüences de dar testimonio de nuestro Señor" (2 Ti. 1:8).

Si por ninguna otra razón práctica que no sea acceder al poder de liberación en la tierra, debes establecer y declarar a Jesucristo como el Señor de tu vida y tú como un discípulo de su reino. Debes abrir tu boca públicamente para que los demás sepan a través de lo que dices y haces que Él es tu Señor y Amo, que no te avergüenzas de estar asociado a Él y de servirlo. Él está sentado a la diestra de Dios en los lugares celestiales, como lo estás tú a través de su redención en la cruz. Accede a su poder y autoridad a través de una declaración pública de su señorío en tu vida. Su sangre ha establecido el nuevo pacto bajo el cual debes colocar tu vida para recibir la amplia cobertura y protección del pacto (1 Co. 11:25).

Probablemente, hayas escuchado a alguien decir: "Confieso la sangre". Se está refiriendo a la sangre del pacto. Confiesas la sangre del pacto cuando estás bajo los términos del pacto: hacer a Jesucristo el Señor y la autoridad de tu vida es el eje del discipulado del reino.

En los tiempos del Antiguo Testamento, los israelitas no podían decir simplemente: "Confieso la sangre". No, tenían que poner la sangre en los postes de la puerta para confesarla (Éx. 12:3-7). Implicaba algo más que tan solo decirlo. Tenían que colocarse dentro de los límites protectores de las paredes y las puertas ensangrentadas. Del mismo modo, hoy día debe haber una alineación del pacto bajo el señorío de Jesucristo para poder experimentar el poder, la autoridad y la provisión de su reino.

Cuando hacemos esto, honramos su pacto en la sangre, el nuevo pacto descrito en los versículos centrales del libro de Hebreos:

> Pero ahora tanto mejor ministerio es el suyo, cuanto es mediador de un *mejor pacto*, establecido sobre mejores promesas (8:6).

> Así que, por eso es mediador de un nuevo pacto, para que interviniendo muerte para la remisión de las transgresiones

> que había bajo el primer pacto, los llamados reciban la promesa de la herencia eterna (9:15).
>
> A Jesús el Mediador del nuevo pacto, y a la sangre rociada que habla mejor que la de Abel (12:24).

Jesucristo es el Señor del nuevo pacto, el único mediador entre el cielo y la tierra (1 Ti. 2:5). Él es nuestro Amo.

La llave de la vida cristiana

Tengo una llave maestra para la iglesia. La llave puede abrir cualquier cerradura, porque es una llave maestra. Cualquier miembro del personal de la iglesia puede tener la llave de su propia oficina e incluso una llave de la sección del edificio donde se encuentra su oficina; pero es una llave limitada a las puertas que puede abrir.

Puesto que yo tengo una llave maestra, puedo ir a cualquier parte de la iglesia que desee.

Muchos de nosotros no tenemos acceso a todas partes, porque no tenemos la llave maestra. Tenemos llaves para ciertas habitaciones. Vamos a la iglesia, escuchamos un sermón y recibimos una verdad, así que tenemos una llave para cierta parte de nuestra vida cristiana. Sin embargo, debemos entender que, en realidad, la llave de la vida cristiana para los discípulos del reino es Jesucristo como Señor y Amo. La capacidad de vivir victoriosamente y avanzar en la agenda del reino de Dios en la tierra proviene de esta llave maestra única llamada entrega total al señorío de Cristo.

Solo cuando su pueblo refleje el señorío de Jesucristo, individual y corporativamente como discípulos del reino, el mundo experimentará el poder y la autoridad de Dios como el Creador quiso que fuera.

Capítulo 4

El costo del compromiso

¿Cuántas veces has escuchado decir: "Si hubiera sabido en qué me estaba metiendo, nunca habría dicho que sí"? Probablemente, muchas veces. Quizás tú mismo lo hayas dicho más de una vez. Por eso es importante saber qué significa realmente ser un discípulo del reino antes de apresurarse a hacer un compromiso profundo.

Jesús llama a los discípulos a seguirlo aunque no hay ninguna garantía. De hecho, a menudo hay un costo asociado con el verdadero discipulado. Sí, este no es un concepto popular en estos días, pero es la verdad y está en la Biblia.

En Lucas 9, Jesús nos presenta a tres hombres de quienes aprendemos excelentes lecciones sobre el discipulado. Jesús no les dio un trato especial a estos hombres. Se dio a sí mismo, y eso era todo lo que necesitaban. No les garantizó un techo donde guarecerse. No les garantizó un ascenso en el trabajo ni popularidad en la sociedad. Ser un discípulo del reino no es una forma segura de alcanzar el éxito tal como el mundo lo define. La mayoría de los primeros discípulos murió por su fe (Juan el apóstol vivió como un exiliado solitario en la isla de Patmos).

Vuelve a leer la última oración: *La mayoría de los primeros discípulos murió por su fe.* Resáltala y medita en ella. No la entierres bajo los polvorientos anales de la historia de la iglesia. Dado que Jesús es el mismo ayer, hoy y para siempre (He. 13:8), su llamado a ser discípulos no es más fácil ahora de lo que era entonces. Estos discípulos del reino totalmente comprometidos no murieron en un hogar de ancianos rodeados de familiares y amigos. La mayoría de los primeros discípulos murió de manera cruel, incluso Pedro fue crucificado cabeza abajo.

Ahora bien, ¿estás seguro de que quieres ser un discípulo del reino? Este no es un boleto rápido hacia la cima. Si te comprometes a ser verdaderamente un discípulo del reino, habrá un costo que pagar. Esa parte sí está garantizada. Pocos están dispuestos a pagar ese costo en estos tiempos. Por eso tenemos tan pocos discípulos. Y por eso tenemos tan poca influencia en la cultura que nos rodea.

"Déjame que primero..."

Esta historia bíblica tiene lugar en Lucas 9, mientras Jesús y sus discípulos se dirigen a Jerusalén. Un hombre se acerca a Cristo y le dice: "Te seguiré adondequiera que vayas".

Jesús le responde: "Las zorras tienen guaridas, y las aves de los cielos nidos; mas el Hijo del Hombre no tiene dónde recostar la cabeza" (vv. 57-58).

Parece una respuesta extraña para alguien que pide seguirte, ¿no es así? No puedes ubicarlo en la categoría de "líder motivador" o "líder sensible al buscador". Básicamente, Jesús le dijo que no tenía un hogar permanente y, si él decidía seguirlo, tampoco lo tendría. El pasaje no especifica si el hombre decidió seguir a Jesús después de esa respuesta, pero el contexto sugiere que no estaba listo para ser un discípulo del reino. Es probable que haya escuchado lo que se decía de Él y sus milagros, y quería sacar tajada. Solo que no se dio cuenta de que esa tajada tenía un costo.

Sospecho que el segundo hombre mencionado en Lucas 9 estaba escuchando la conversación de Jesús con el primero. Jesús miró a este segundo hombre y le dijo: "Sígueme" (v. 59). Este es un caso seguido diferente, porque este hombre no se ofreció a seguir a Jesús como lo hizo el primero. Lo más probable es que escuchara la primera respuesta y tuviera un contexto más amplio dentro del cual responder. Entonces respondió: "Señor, déjame que primero vaya y entierre a mi padre".

Sin embargo, Jesús le dijo: "Deja que los muertos entierren a sus muertos; y tú ve, y anuncia el reino de Dios" (v. 60).

Cuando lees esto a primera vista, puede parecerte un poco chocante, incluso de corazón frío, cómo Jesús habla sobre el padre del hombre. Después de todo, ¿no deben los hijos honrar a sus padres? Sí, así es. Por eso la perspectiva de la cultura judía arroja luz sobre este pasaje que podríamos no comprender a primera vista. Pues bien, si el padre del hombre ya hubiera muerto, él habría estado en su casa y ni hubiera podido hacerle esta pregunta a Jesús. Esto se debe a que los judíos enterraban a sus muertos dentro de las veinticuatro horas posteriores. Por lo tanto, su pregunta es solo hipotética.

Este hombre extendió su semántica un poco para hacer que su situación pareciera terrible. De esa manera, le estaba diciendo a Jesús que quería posponer ser su discípulo por un período de tiempo indefinido, hasta que su padre muriera y todos los bienes y la herencia familiar se ejecutaran. Dado que acababa de escuchar a Cristo decir claramente que no tenía dónde recostar su cabeza, este hombre se dio cuenta de que era mejor que se asegurara primero su propia seguridad financiera. De lo contrario, todo ese asunto del discipulado podía terminar por perjudicarlo financieramente.

Sin embargo, Jesús no quería nada de eso. Le dijo que fuera y proclamara el reino de Dios en todas partes como un discípulo, y que lo hiciera ahora, no más adelante. Jesús sabía que este hombre estaba pidiendo tiempo hasta que su padre muriera para recibir su herencia y asegurarse un porvenir financiero antes de dedicarse de lleno a Dios. Cuando Jesús le dijo "deja que los muertos entierren a sus muertos", estaba diciendo que los muertos espirituales entierren a los muertos físicos.

El discipulado del reino siempre tiene un costo.

Muchos cristianos también hacen eso. No están listos para comprometerse de lleno. Tal vez estén esperando que su carrera profesional se afiance, que los hijos estén encaminados en sus estudios, o cualquier cantidad de otras cosas. Sin embargo, Jesús dejó en claro que el discipulado exige obediencia inmediata o no se trata de un discipulado del reino; porque éste siempre tiene un costo. Después de todo, esto es la cruz (Mt. 16:24).

Ahora consideremos al tercer hombre en el versículo 61 de Lucas 9. Igual que el primer hombre, toma la iniciativa. "Te seguiré, Señor; pero déjame que me despida primero de los que están en mi casa". Eso parece justo, ¿verdad? Te estás preparando para irte por mucho tiempo. Ni siquiera sabes si volverás. Así que quieres ir a tu casa, empacar tu maleta y despedirte de las personas que conoces y amas.

Sin embargo, Jesús le responde: "Ninguno que poniendo su mano en el arado mira hacia atrás, es apto para el reino de Dios" (v. 62). Vaya, si Jesús fuera un predicador en la actualidad, me pregunto cuántos asistirían a su iglesia. Él discierne la intención de las palabras, mira el corazón, y llama las cosas por su nombre.

El hombre, sin embargo, no solo quería ir a su casa. Estaba mirando hacia atrás. En tiempos del Nuevo Testamento, si debías hacer un largo viaje no te limitabas a decir un breve adiós. La fiesta de despedida a la que se refería el hombre podía durar mucho tiempo. Jesús no se opone aquí a un saludo de despedida, sino a que la familia haga que un discípulo potencial mire hacia atrás y lo piense dos veces antes de dejarlo todo para seguirlo.

Me imagino a la familia de este hombre decirle: "Vas a hacer ¿qué? ¿Vas a seguir a este hombre que apenas conoces a lugares que nunca has visitado? No sabes cómo va a cuidar de ti. ¡Ni siquiera puede prometerte una habitación de hotel! No es una buena idea".

Sin embargo, Jesús dice que cualquiera que mira hacia atrás después de comenzar el camino del discipulado no es apto para su reino. ¿Por qué? Porque no puedes arar si miras por encima de tus hombros. Si debes hacer un surco recto, tus ojos deben estar enfocados hacia adelante. Jesús está diciendo que si tratamos de arar mirando hacia atrás, vamos a arruinar la agenda de su reino. En otra parte, Jesús advierte: "Acordaos de la mujer de Lot" (Lc. 17:32). Se fue de Sodoma, pero su corazón seguía estando en Sodoma. Escuchó detrás de ella todo ese fuego y azufre que llovía del cielo y comenzó a recordar a los amigos que tenía allí, todas las posesiones que tenía allí, y empezó a arrepentirse de marcharse. Entonces miró hacia atrás a pesar de la advertencia del ángel (Gn. 19:17), y Dios la detuvo allí mismo (v. 26). Dios juzgó que no era apta para ir más lejos.

Qué diferencia con Abraham en Génesis 22. Dios le pidió que sacrificara a su hijo, Isaac, y Abraham lo hizo. La buena noticia es que cuando le das a Dios lo primero y lo mejor, Él te da lo primero y lo mejor. Si pones a Dios y su reino primero, Él sabe exactamente dónde pasean los carneros en los matorrales.

Puedes confiar en Él... sin reservas. Y para vivir como un discípulo del reino, tendrás que hacer justamente eso.

Pon primero a Cristo

Podemos ver esta necesidad de confiar en el Padre —y en el Hijo— sin reservas en Lucas 14:25-33, donde Jesús explica el costo de seguirlo:

> Grandes multitudes iban con él; y volviéndose, les dijo: Si alguno viene a mí, y no aborrece a su padre, y madre, y mujer, e hijos, y hermanos, y hermanas, y aun también su propia vida, no puede ser mi discípulo (vv. 25-26).

Muchas personas se acobardan cuando escuchan eso. Este pasaje se ha tergiversado y malinterpretado de varias maneras. ¿Exagera Jesús en su postura sobre el discipulado?

¿Tenemos realmente que aborrecer a los más cercanos a nosotros?

¿No habría sido menos duro si Jesús hubiera dicho: "Ámame más que a nadie"?; pero no dijo eso aquí, y tenemos que preguntarnos a qué se refiere con aborrecer a nuestra familia. La clave aquí es que Jesús no está hablando de nuestros afectos, sino de nuestras decisiones. Dice que cuando tengas que tomar una decisión en la vida, y tu familia no esté de acuerdo con la decisión de Cristo, tu familia tendrá que ceder a Cristo. Jesús sobrepasa a todos. Es tan simple como eso. El problema aquí es la autoridad. Tú y yo debemos estar dispuestos a ponerlo a Él delante de las personas más preciadas de nuestra vida si realmente queremos seguir a Cristo. Él no será el número dos en el corazón de nadie.

Alguien podría decir: "Eso no me parece correcto". Bueno, supongamos que un hombre le dijera a su esposa: "Si otra mujer entra en mi vida, tendrás que hacerte a un lado y ser mi segunda prioridad". ¿Crees que su esposa lo aceptaría? ¡Yo tampoco!

Ella no debería tener que aceptarlo, porque merece ser la única mujer en la vida de su esposo. Él tomó esa decisión cuando se casó con ella. La naturaleza del compromiso matrimonial implica que todos los demás están en segundo lugar. Nadie debería cuestionarte si pones a tu cónyuge primero cuando tomas decisiones que involucran tu tiempo. Nadie debería cuestionarte tampoco por poner a Dios primero, incluso antes que tu cónyuge.

No debería haber nada en mi vida que merezca mi compromiso y mi pasión más que mi amor por Jesucristo. Debería estar tan por encima de mi amor por mi esposa y mis hijos, que a veces podría parecer que los aborrezco cuando pongo en primer lugar la voluntad, los deseos y la instrucción del Señor. Así es vivir como un verdadero discípulo del reino. Si tu esposo, tu esposa, tus padres o tus hijos dictan tus decisiones más que las normas de Dios, estás fuera de sintonía. No eres un discípulo del reino.

Has puesto la mano en el arado y has mirado hacia atrás, a los lados y en todas direcciones en vez de mirar al Señor.

El reino de Dios debe ser la prioridad. Su voluntad debe ser lo primero o, simplemente, no eres un discípulo. La Biblia nos instruye a amar a nuestros cónyuges y nuestros hijos; pero Cristo está hablando de lo que sucede con respecto al tema de la autoridad, las prioridades y las decisiones. ¿Es Cristo el número uno? Si tienes que elegir entre obedecer los mandamientos de Cristo y a cualquier otra persona o cosa, lo debes elegir siempre a Él.

Si quieres seguir a Jesús como su discípulo, Él te exige la

prioridad por encima de tu relación humana más cercana. Adán aprendió de la manera más difícil cuando puso primero su compasión por Eva o la intimidación que sintió de parte de ella en el huerto antes que la regla de Dios (Gn. 3). Y desde entonces, la humanidad nunca ha sido la misma.

El discipulado exige una disposición a poner primero la regla de Dios. Sí, a veces eso incluso causará sufrimiento debido a la rectitud, que dista mucho del sufrimiento debido al pecado y sus efectos. Jesús dijo: "El que no lleva su propia cruz y viene en pos de mí, no puede ser mi discípulo" (Lc. 14:27).

Qué significa llevar la cruz

La crucifixión era el método de ejecución favorito de los romanos. Amarraban los brazos del condenado a la pesada barra horizontal de la cruz y le hacían llevarla a través de la ciudad hasta el lugar de la crucifixión. Jesús tuvo que llevar su cruz por las calles de Jerusalén hasta el Calvario. Los romanos hacían que el delincuente llevara su cruz públicamente para exhibirlo y así decir que Roma tenía razón y que ese hombre se había equivocado. La cruz del condenado era su acta de acusación, que anunciaba a las personas a lo largo del camino que ese hombre era digno de muerte, porque el gobierno romano lo había encontrado culpable.

Jesús nos dice: "Quiero que lleves tu cruz por la ciudad". Quiere que nos identifiquemos con Él de tal manera, que cuando nos acusen de ser cristianos digamos: "Soy culpable". Cuando nos acusen de amar y seguir al Señor Jesucristo, reconozcamos la imputación y digamos: "Tienes razón. ¡Soy uno de los suyos!".

Esta es una de las cosas que significa tomar tu cruz, ser un discípulo del reino de Jesucristo. Significa estar en exhibición pública, ser identificado con Jesucristo en cada área de tu vida.

Significa que si tu familia y tus amigos ya no quieren identificarse contigo, está bien. Aun así tú te identificarás con Cristo. Significa que si tus normas hacen que los demás se alejen de ti, está bien.

Jesús te dice: "Sígueme".

Hay otra cosa que debes saber acerca de la cruz. Cuando un hombre llevaba su cruz por la ciudad, era un viaje de ida. Iba a morir. No importaba cuánto quisiera pegar la vuelta e ir por otro camino, no podía. Iba rumbo al lugar de su ejecución. Anteriormente, Jesús había dicho: "Si alguno quiere venir en pos de mí, niéguese a sí mismo, tome su cruz cada día, y sígame" (Lc. 9:23). Jesús no estaba hablando de la muerte física, ya que no puedes morir físicamente todos los días. Estaba hablando de una perspectiva diaria de la vida. Este es el llamado al discipulado, no a la salvación eterna. Trae plenitud, beneficio, satisfacción y victoria. Esto quiere decir el Señor cuando afirma que aquellos que lo siguen salvarán sus almas, es decir, la vida (Mt. 16:24-26; Lc. 9:24-26).

Negarte a ti mismo no significa simplemente renunciar a algo que desees, sino decir no a tus deseos y planes para tu vida cuando entran en conflicto con la voluntad perfecta de Dios (Ro. 12:2). Significa colocar el reino de Dios por encima de cada área de tu vida. Implica pasar todas tus decisiones por el tamiz de Dios. No hay absolutamente ninguna división entre lo sagrado y lo secular para un creyente. Todo es sagrado, porque Dios pagó un precio por tu vida. Él rige cada palabra, decisión, opción de entretenimiento, canción que escuchas, tu tiempo, tus talentos y tus tesoros.

Todo.

Ahora sabes por qué hay tantos cristianos pero muy pocos discípulos del reino. No es un club donde te inscribes o un pequeño grupo al que asistes. Ser un discípulo es un compromiso total y sin límites de todo lo que te hace ser quien eres.

RENUNCIA A TUS DERECHOS

Vivir como un discípulo del reino, que represente visible y verbalmente a Cristo, requiere que renuncies a todos tus derechos en cada aspecto de tu vida. Jesús nos da dos ilustraciones sobre lo que esto significa en Lucas 14:28-32. La primera es la de un constructor que tiene que calcular el costo de su proyecto (vv. 28-30). Ningún constructor pone los cimientos de su edificio y luego descubre que no calculó bien los costos y tiene que dejar de construir.

Jesús está diciendo que ser su discípulo implica un poco de planificación, algunos cálculos de nuestra parte. Debes planificar antes de seguir a Jesús.

Podría predicar sobre el discipulado en mi iglesia, y alguien quizás diga: "Amén, pastor. Estoy contigo. Me siento emocionado de ser un discípulo". Jesús te dice: "Espera un momento. Saca tu calculadora espiritual. Calcula el costo. Asegúrate de tener el capital espiritual necesario para terminar, no solo para comenzar. Evalúa si hay algo en tu vida que te impide ser mi discípulo".

La segunda ilustración del Señor es la de un rey que está marchando a pelear contra otro rey (vv. 31-32). Si este rey tiene diez mil soldados y el otro rey tiene veinte mil, sería inteligente si el primer rey se detuviera a pensar si esta batalla es una buena idea. Si cree que va a ser destruido, envía una delegación de paz y le dice: "Hagamos un trato".

La cuestión es que no hay neutralidad. El rey tiene que pelear o hacer un trato. No puede quedarse mirando al vacío, o su ejército será aniquilado. Si eres un discípulo de Cristo, Satanás viene detrás de ti, punto. Satanás lanzará su ejército contra ti sin importar lo que hagas, porque estamos en guerra. Dada esta realidad, será mejor que calcules el costo si realmente quieres ser un discípulo.

Evalúa el costo y las recompensas

En los versículos 33-35, Jesús hace ver el costo de ser su discípulo. Él no puede usar a las personas que no están dispuestas a amarlo sobre todas las cosas, que no están listas para llevar su cruz diariamente, que han calculado el costo y han dicho que no, que no están dispuestas a renunciar a todo lo que tienen para Él (v. 33). Estas personas son una "sal... insípida". Son inútiles para el reino y no tienen acceso a su autoridad.

Una vez que decides seguir a Cristo pase lo que pase, descubrirás el otro lado del discipulado, que es la recompensa de ser discípulo de Jesús. Ahora bien, realmente no hay recompensa sin el compromiso de ser un discípulo, así que concéntrate en eso primero. Antes de comenzar a evaluar las recompensas, reconoce y acepta el costo. Jesús no quiere que empieces a caminar con Él y luego, a medio camino, te des por vencido y pegues la vuelta.

Amor: La marca de un discípulo del reino

En el aposento alto, la noche antes de su crucifixión, Jesús pronunció estas palabras sumamente conocidas: "Un mandamiento nuevo os doy: Que os améis unos a otros; como yo os he amado, que también os améis unos a otros. En esto conocerán todos que sois mis discípulos, si tuviereis amor los unos con los otros" (Jn. 13:34-35).

Tres veces en este pasaje Jesús les dijo a sus discípulos que debían amarse unos a otros. Tres veces enfatizó este factor distintivo clave de un discípulo. Dijo que si nosotros, como discípulos modernos, nos amamos unos a otros, todos los demás sabrán que lo estamos reflejando a Él como sus discípulos. Entonces, la pregunta que debemos responder hoy es: "¿Qué es el amor y cómo debemos amarnos?".

La definición bíblica de la palabra griega amor, *ágape*, es *buscar compasiva y virtuosamente el bien de otro.* Es colocar las necesidades y el bienestar de otra persona sobre nuestras propias necesidades y nuestro propio bienestar. No tiene nada que ver con que alguien te caiga bien. De hecho, puedes amar a personas que ni siquiera te caen bien, porque el amor es la decisión deliberada de hacer el bien al prójimo. El amor es una acción y un compromiso. Incluye el deseo de que la otra persona esté mejor, simplemente porque tú estás en su vida, y de hacer que la voluntad de Dios se cumpla en su vida.

Jesús diferencia el amor de un sentimiento emocional cuando hace su declaración sobre el amor como un mandato real. "Un nuevo mandamiento os doy...". Jesús usa específicamente la palabra "mandamiento" en relación con el amor. Raras veces podemos ordenar que nuestros sentimientos hagan algo; pero siempre podemos dar órdenes a nuestras acciones a través del poder de nuestra mente y nuestra voluntad.

Jesús estableció una relación permanente entre ser su discípulo y amar.

El amor es la marca, el distintivo de un discípulo.

Si tú usas tus palabras o acciones para humillar a otra persona (aunque no estés de acuerdo con esa persona), no estás hablando o actuando como un discípulo del reino.

Si usas tu plataforma de redes sociales para criticar a otra persona o grupo de personas que no ven la vida de la misma manera que tú, no te estás comportando como un discípulo del reino.

Si niegas afecto, cariño y reconocimiento a los miembros de tu familia (aunque no te lleves bien con ellos), no estás viviendo como un discípulo del reino.

Cuando tu jefe no recibe tu respeto y tu máximo esfuerzo en el trabajo, no estás trabajando como un discípulo del reino.

Si tus oraciones se centran por completo en ti mismo, tus deseos y tus necesidades, no estás orando como un discípulo del reino.

Si la iglesia es un lugar para llenarte, recibir la bendición de Dios y escuchar palabras inspiradoras, pero no estás dispuesto a servir a otros en la iglesia con tu tiempo o tus talentos, no estás asistiendo a la iglesia como un discípulo del reino.

Como mujer, si tu manera de vestir deja poco a la imaginación de los hombres que te rodean y eres de tropiezo y tentación dondequiera que vas, no te estás vistiendo como una discípula del reino.

Como hombre, si tu interacción con las mujeres intenta manipularlas o dominarlas mediante palabras persuasivas, halagos o una intimidad emocional inapropiada, no te estás comportando como un discípulo del reino.

Cuando cumples el mandato de amar, cumples todos los demás mandatos de las Escrituras.

Podría continuar, pero creo que entiendes el concepto. El amor es la marca de un discípulo del reino. La iglesia de hoy carece de demostraciones constantes de amor. Sin embargo, cuando tú o yo cumplimos el mandamiento de amar (por la naturaleza misma del mandato), cumplimos todos los demás mandamientos de las Escrituras. Cuando no cumplimos el mandato de amar, hacemos mal al prójimo (Ro. 13:8-10).

¿Quieres ser un discípulo del reino? Entonces debes vivir, trabajar, hablar y conducirte en virtud del mandamiento de amar. El amor bíblico implica hacer la voluntad de Dios por el prójimo, lo merezca o no, y me guste o no. El distintivo del amor es lo que más representa y engrandece a Cristo.

¿Sabes por qué tantos creyentes sufren por sus relaciones? Porque han adoptado la forma de responder del mundo. En lugar de actuar según el mandato y la voluntad de Dios, actúan según su propia voluntad. El amor se vuelve condicional. Es una herramienta de concesión mutua que utilizan en la vida.

Recuerda que Jesús amó, incluso hasta la muerte, a quienes no lo merecían. Por supuesto que un amor como ese no puede provenir de nuestra propia naturaleza de pecado, sino a través de un derramamiento sobrenatural del Espíritu Santo. "El amor de Dios ha sido derramado en nuestros corazones por el Espíritu Santo que nos fue dado" (Ro. 5:5). Por eso es tan importante permanecer en Cristo y en la presencia de su Espíritu de manera constante. El amor bíblico solo puede provenir de una persona que tiene intimidad con Dios.

Años después de que Jesús regresó al cielo, el apóstol Juan escribió:

> Y en esto sabemos que nosotros le conocemos, si guardamos sus mandamientos. El que dice: Yo le conozco, y no guarda sus mandamientos, el tal es mentiroso, y la verdad no está en él… El que dice que está en la luz, y aborrece a su hermano, está todavía en tinieblas. El que ama a su hermano, permanece en la luz, y en él no hay tropiezo. Pero el que aborrece a su hermano está en tinieblas, y anda en tinieblas, y no sabe a dónde va, porque las tinieblas le han cegado los ojos (1 Jn. 2:3-4, 9-11).

Evoca el amor de Jesús

Un discípulo del reino que permanece en la luz imita el amor de Cristo en su propia vida. Cristo es nuestro ejemplo de cómo debemos vivir como sus discípulos. En Juan 13:34 encontramos la frase clave: "Como yo os he amado". ¿Cómo es el amor de Jesús? Tomaría otro libro describir su amor completamente, pero veamos algunas características.

Por un lado, el amor de Jesús toma la iniciativa. Juan escribe: "Nosotros le amamos a él, porque él nos amó primero" (1 Jn. 4:19). Dios no esperó hasta que fuéramos encantadores para amarnos. No esperó a que se lo pidiéramos. Nos amó primero.

A menudo ponemos condiciones a nuestro amor. "Bueno, cuando comiences a hacer tu parte, yo comenzaré a hacer la mía". "Tú primero". Sin embargo, cuando imitamos el amor de Cristo, decimos: "Aunque nunca respondas a mi amor, te seguiré amando". "Aunque nunca cambies, Dios quiere que haga esto por ti". "Aunque nunca me recompenses, Dios quiere que te ame así".

Imitar el amor de Cristo también significa *suplir las necesidades con las que Dios nos confronta*. De nuevo, Juan explica lo que esto implica: "Pero el que tiene bienes de este mundo y ve a su hermano tener necesidad, y cierra contra él su corazón, ¿cómo mora el amor de Dios en él? Hijitos míos, no amemos de palabra ni de lengua, sino de hecho y en verdad" (1 Jn. 3:17-18).

Si amamos como Jesús ama, no vamos a ignorar una necesidad que podemos suplir con la capacidad que Dios nos ha dado. La razón por la que tenemos "bienes de este mundo" es para suplir necesidades. No solo para poseer los bienes de este mundo. Demasiados de nosotros hemos quedado atrapados en uno de los puntos ciegos más oscuros y profundos de nuestra cultura: el materialismo y el beneficio personal. Las Escrituras nos exhortan a ser "dadivosos, generosos" (1 Ti. 6:18, ver también 2 Co. 9:6-11; Gá. 6:10). Los discípulos del reino dan a otros de manera voluntaria y no consideran las cosas de este mundo como propias.

Imitar el amor de Jesús también significa mostrar amor por otros cristianos. Nuestro amor por los demás nos identificará ante el mundo (y ante los demás) como discípulos de Jesús. Debido al amor, tendremos un poderoso testimonio público (Jn. 13:35). Y nuestro amor debe ser público; debe ser visible.

Recuerda que el amor del que estamos hablando no es un simple amor humano natural. Solo el Espíritu Santo puede producir amor como el de Cristo en nosotros. No puede suceder de otra manera.

Los incrédulos deberían mirar a los discípulos del reino y preguntarse: "¿Cómo pueden amar así?". Nos deberían plantear esta pregunta.

Lamentablemente, rara vez lo hacen.

Sí, tal amor te costará. Te costará a la hora de tener una buena predisposición, de ceder y de servir. Finalmente, amar requiere renunciar a tu voluntad y hacer la voluntad de Dios, que es que tú y yo demostremos su amor a los demás.

A menudo se cree ingenuamente que el costo de ser un discípulo del reino es algo así como mudarse a África u otra tierra extranjera como misionero. Y aunque eso implica un costo, no es el único costo del que habla Cristo. Él habla de tomar la cruz para seguirlo (Lc. 9:23). La cruz representa todo lo que comprende nuestra vida —nuestros derechos, nuestro tiempo, nuestras emociones y nuestra energía— y ofrecerlo para su servicio y el bien de otros. A menudo, es más difícil hacer eso en casa que en el extranjero, en el lugar de trabajo que en el campo misionero, en la iglesia que en la comunidad en general, o incluso en nuestras palabras que en nuestra adoración.

El amor vino en forma de cruz. Hacer menos que tomar la cruz es no cumplir nuestro deber como discípulos y no actuar adecuadamente como los representantes del reino para lo cual Jesús nos redimió.

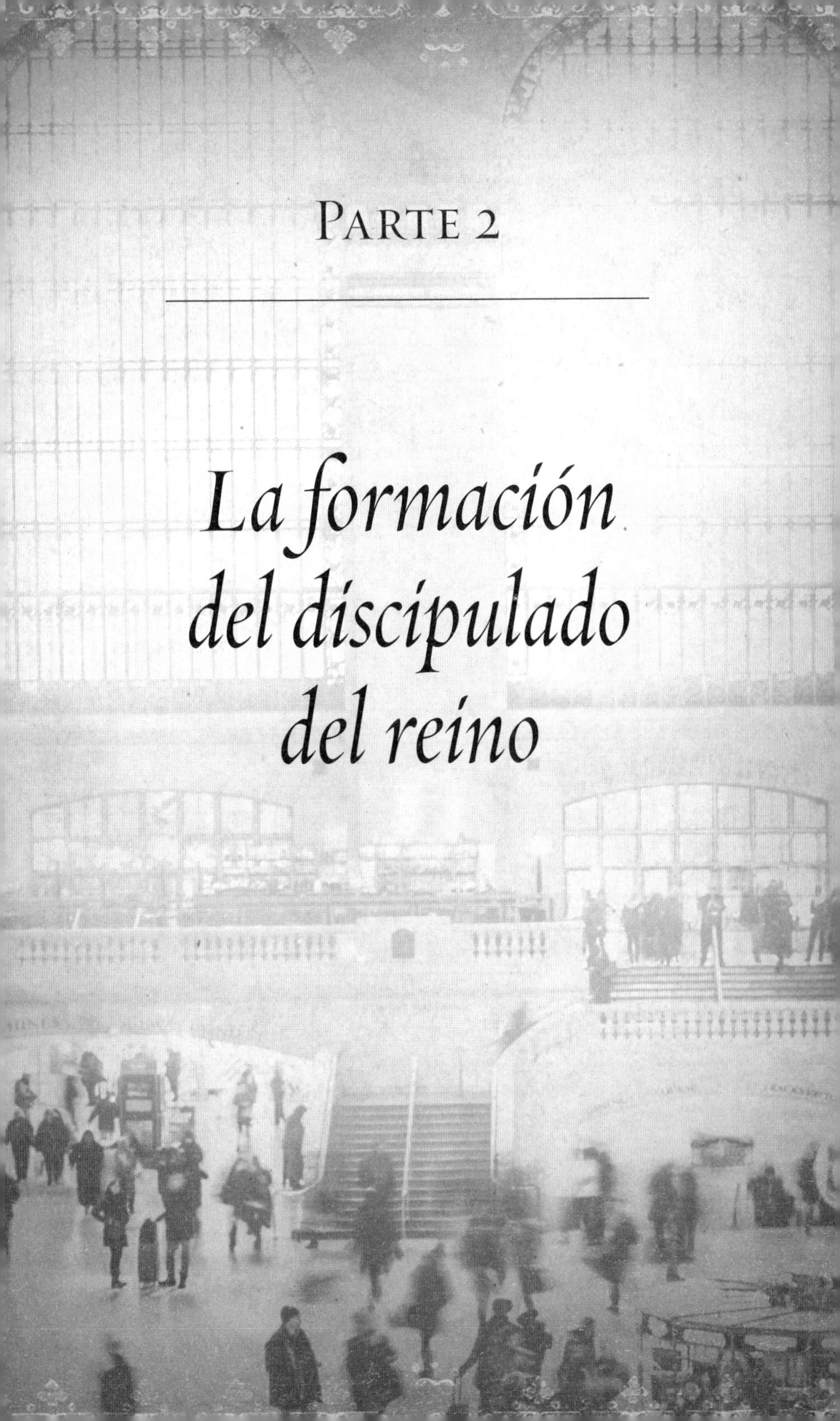

Parte 2

La formación del discipulado del reino

CAPÍTULO 5

Nuestra verdadera identidad

La identidad de una persona es un muy esencial, especialmente en la sociedad actual impulsada por la información. Tu identidad tiene un gran valor comercial no solo para ti, sino también para otro individuo que podría tratar de robártela y usar tu nombre y tu línea de crédito para incurrir en una pila de facturas que luego tendrías que pagar tú.

Algunas personas cambian su propia identidad en un intento de hacerse aceptables para determinado grupo. Estas personas podrían comprarse ropa de diseño o una cierta marca de automóvil para parecer ricas. En el mundo occidental, una gran parte del comercio está orientado a ayudar a las personas a verse, sentirse y actuar diferente a lo que realmente son, porque alguien las ha convencido de que algo está mal con su verdadera identidad.

Confundir lo que hacemos con nuestra identidad real es un error fácil de cometer, pero la confusión puede ser mortal si deseamos crecer y prosperar como discípulos del reino.

NUESTRA IDENTIDAD COMIENZA EN LA CRUZ

Desde que aceptaste a Cristo por la fe como tu Salvador, Dios implantó una nueva naturaleza en lo profundo de tu ser. Esta nueva naturaleza, también llamada nuevo nacimiento, es el punto de referencia de tu verdadera identidad. Esta verdad está claramente expresada en Gálatas 2:20, que ha sido el versículo de mi vida durante muchos años. Este versículo contiene todo lo que realmente necesitamos saber sobre nuestra identidad como creyentes, condensado en una verdad llena de poder. Si puedes asimilar y practicar lo que la Biblia enseña en Gálatas 2:20, estás en camino de crecer como discípulo, porque tu identidad es la clave para tu desarrollo espiritual. Este es el versículo, que escribió el apóstol Pablo a la iglesia primitiva en Galacia:

> Con Cristo estoy juntamente crucificado, y ya no vivo yo, mas vive Cristo en mí; y lo que ahora vivo en la carne, lo vivo en la fe del Hijo de Dios, el cual me amó y se entregó a sí mismo por mí.

La primera frase por sí sola es lo suficientemente discordante para hacernos saber que algo radical está sucediendo aquí. "Con Cristo estoy juntamente crucificado". Tú y yo podemos poner nuestros nombres allí, porque este es un trato hecho. Hemos hablado de "tomar" nuestra cruz bajo el señorío de Jesucristo, pero no en relación con nuestra identidad. En este capítulo, quiero que veamos cómo estar crucificado con Cristo es en realidad el fundamento de nuestra identidad.

Ahora bien, estar crucificado es morir. Sabemos que Jesús murió en la cruz, pero a través de su resurrección y nuestra confesión del Cristo crucificado como nuestro Salvador, Él nos da la vida eterna. Y en la tierra, el Espíritu Santo viene a morar a nuestra vida y nos ayuda a abandonar la vieja forma de vivir que heredamos de Adán.

Como escribió Pablo: "Porque los que hemos muerto al pecado, ¿cómo viviremos aún en él?" (Ro. 6:2). Nuestro viejo yo está muerto, crucificado con Cristo en la cruz y sepultado juntamente con Él cuando fue sepultado en la tumba (ver Ro. 6:4). Y como eso es cierto, sería mejor que buscáramos nuestra identidad en otro lugar, porque las personas muertas no existen. Un paso clave en el discipulado del reino y nuestra identidad en Cristo es reconocer nuestra muerte al pecado y la vida vieja. Esta muerte espiritual significa que el pecado ya no es la definición central de quiénes somos. El pecado no necesita gobernar nuestra vida. Nuestro problema con el pecado ahora es un problema de la carne, que es la casa donde vivimos, no la esencia de quienes somos en Cristo.

Como verás, muchos creyentes no están creciendo porque no saben que su vida antigua, lo que la Biblia llama el "viejo hombre" (Col. 3:9), está muerta en Cristo.

Pablo escribió: "Porque si fuimos plantados juntamente con él en la semejanza de su muerte, así también lo seremos en la de su resurrección; sabiendo esto, que nuestro viejo hombre fue crucificado juntamente con él, para que el cuerpo del pecado sea destruido, a fin de que no sirvamos más al pecado" (Ro. 6:5-6). Hemos sido crucificados juntamente con Cristo, dijo Pablo; pero muchos cristianos deberían decir si fueran sinceros: "yo no lo sabía".

En la cruz hubo una unión con Cristo que a menudo no se entiende, y por tal motivo, las personas no se dan cuenta de sus implicaciones transformadoras.

Nuestra muerte es espiritual

Aunque la muerte de Jesús en la cruz fue física, la muerte que experimentamos al unirnos a Él es espiritual. Sin embargo, eso no hace que nuestra muerte sea menos real. Tal vez digas: "Pero no sentí que me moría cuando fui salvo". Es cierto que el efecto o las emociones que rodean a una muerte espiritual pueden no ser tan vívidos como los que experimentamos cuando alguien muere físicamente. Es posible que no hayas sentido tu crucifixión espiritual cuando Cristo entró en tu vida; pero, según 2 Corintios 5:17, te conviertes en una persona nueva y las cosas asociadas con tu vieja vida quedan atrás. Los discípulos del reino son verdaderamente muertos andantes.

Entonces, ¿cómo haces que esto sea real en tu vida? Romanos 6:11 dice: "Consideraos muertos al pecado, pero vivos para Dios en Cristo Jesús, Señor nuestro". "Considerar" es un término contable, como "calcular". Significa sumar las cifras y llegar a una respuesta. Dios dice que morimos con Cristo, y así como Jesús resucitó a una nueva vida, como seguidores del Salvador, hemos sido resucitados con Él para comenzar una nueva forma de vida.

Como seguidores del Salvador, hemos sido resucitados con Él para comenzar una nueva forma de vida.

Dios nos dio una manera de manifestar esta muerte y resurrección a través de la ordenanza del bautismo. Como escribió Pablo: "¿O no sabéis que todos los que hemos sido bautizados en Cristo Jesús, hemos sido bautizados en su muerte? Porque somos sepultados juntamente con él para muerte por el bautismo, a fin de que como Cristo resucitó de los muertos por la gloria del Padre, así también nosotros andemos en vida nueva" (vv. 3-4). El bautismo no es la salvación, pero es una imagen pública de lo que Jesús hizo por nosotros. Similar a la relación del anillo de bodas con el matrimonio, es una imagen de una realidad superior. Como mencioné anteriormente, cuando nos sumergimos en las aguas del bautismo, representamos nuestra identificación con Cristo en su muerte, y cuando salimos del agua, declaramos nuestra identificación con Cristo en su resurrección.

Con frecuencia escuchamos a los cristianos decir: "Bueno, solo soy un pecador salvo por la gracia". No, esa declaración devalúa la naturaleza radicalmente nueva de lo que Dios ha hecho por nosotros y confunde nuestra identidad. Un cristiano no debería decir, por ejemplo, "soy un mentiroso" o "soy un alcohólico"; sino "soy una persona nueva en Jesucristo, que está luchando con el pecado de la mentira o el alcohol". *Si defines quién eres por lo que haces,* estás partiendo del problema y no con la perspectiva de que eres un hijo del Dios vivo, comprado con un precio de sangre, totalmente perdonado, que tiene un problema en cierta área. Por lo tanto, *defínete por quién eres.* Saber quién eres en Cristo cambia por completo tu punto de referencia.

¿Estás empezando a ver cómo esto se aplica prácticamente a la vida de un discípulo del reino? Permíteme darte dos facetas más de la nueva vida del cristiano, que me maravillan cada vez que las leo. Pablo dijo: "Tenemos la mente de Cristo" (1 Co. 2:16). ¿Entendiste? Ahora tenemos la capacidad de pensar como Dios. Esta nueva mente también incluye nuestras emociones, nuestros deseos, nuestras actitudes y todos los demás componentes que conforman el núcleo de nuestro ser.

Nuestra identidad y nuestra vida están en Cristo

También tenemos una nueva posición. Cuando Cristo nos resucitó de los muertos, colmó todas las expectativas. Es decir, después que Cristo resucitó, ascendió al cielo y se sentó "a la diestra [de Dios] en los lugares celestiales" (Ef. 1:20). Entonces, si nuestra identidad está intrínsecamente ligada a Cristo, ¿adivinas dónde estamos? También estamos sentados "en los lugares celestiales con Cristo Jesús" (Ef. 2:6). Esa es una realidad espiritual, no solo una ilusión. Todo lo que le sucedió a Cristo en su muerte, sepultura y resurrección nos sucedió a nosotros de forma espiritual.

Nuestra identificación con Cristo es tan integral, que Pablo pudo decir: "Ya no vivo yo, mas vive Cristo en mí" (Gá. 2:20). Esta última frase está cargada de significado. Debemos comprender la realidad de que lo que está sucediendo en este cuerpo, a través del alma, es la expresión misma de la vida de Cristo que vive en nosotros.

Necesitamos hacer una importante aclaración aquí, porque la mayoría de la gente lee esto y dice: "Entiendo. Cristo está en mí, y yo estoy en Él". Bueno, eso es verdad. La verdad más fundamental de la vida cristiana es que Jesucristo reside en nosotros cuando lo recibimos como nuestro Salvador. Sin embargo, Gálatas 2:20 está diciendo más que eso en términos de nuestra identidad como creyentes. No es solo que Cristo está en nosotros, sino que Él *vive* en nosotros.

La diferencia entre estos dos conceptos es la diferencia entre la posición o seguridad que disfrutamos en Cristo, que nunca cambia, y el estado o condición de nuestra vida cristiana en un momento determinado, que puede ser muy variable. La Biblia dice que debido a que estamos en Cristo, somos "sellados con el Espíritu Santo de la promesa" (Ef. 1:13). Este es su sello de seguridad, que nadie puede romper y que nos garantiza el cielo; pero Cristo no solo quiere morar en ti, sino vivir en ti: entrar, establecerse y expresarse completamente a través de tu vida.

Permitir que Cristo viva y se exprese a través de ti es lo que permite que puedas crecer como un discípulo del reino, porque solo la obra de Dios en ti por medio del poder del Espíritu Santo puede producir un crecimiento y un cambio duradero en tu vida.

La tragedia es que muchos cristianos que irán al cielo no están creciendo en Cristo aquí en la tierra porque no le permiten hacer de su corazón su hogar. Tratan a Cristo de la misma manera que tratamos a nuestros huéspedes. Invitamos a nuestros huéspedes a sentirse como en casa, pero no estamos diciendo que sean uno más de la familia y que pueden ir y venir cuando lo deseen. No queremos que merodeen por la casa, que hurguen en nuestro escritorio y nuestro botiquín, y que se sirvan lo que quieran en la cocina. Lo que queremos decir con "siéntase como en casa" es "quédese aquí en esta habitación y no se meta en ninguna otra parte".

Sin embargo, para hacer que Jesucristo se sienta en casa en tu corazón, Él necesita tener el control de la casa. Cristo mora en cada creyente, pero su presencia es más viva y real en algunas personas que en otras porque le permiten vivir a través de ellas y tomar posesión de toda la casa.

Muchos de nosotros operamos en la presencia de Jesús. Vamos a la iglesia, leemos libros sobre Jesús y recopilamos información sobre Él; pero Jesús está diciendo: "No, eso no es suficiente. Quiero expresar el poder de mi vida resucitada a través de tu cuerpo y tu espíritu. Quiero vivir en ti". La Biblia dice: "Tenemos este tesoro en vasos de barro, para que la excelencia del poder sea de Dios" (2 Co. 4:7). El propósito de todo lo que experimentamos es que "también la vida de Jesús se manifieste en nuestros cuerpos" (v. 10).

No trates de vivir la vida cristiana

He conocido a muchos cristianos frustrados a lo largo de los años. Muchos de ellos me comentan que se sienten frustrados porque se esfuerzan mucho por vivir la vida cristiana, pero no obtienen resultados. Si este es tu problema, quiero librarte de esa carga. No trates de vivir la vida cristiana. No puedes hacerlo. Es imposible. Cuanto más intentes hacer lo que Dios quiere que hagas, más te darás la cara contra el piso.

Jesús es la única Persona que ha vivido la vida cristiana con éxito, ¡y la buena noticia es que Él ofrece vivir su vida en ti! Dios nunca te pidió que seas cristiano en tus propias fuerzas. En cambio, espera que rindas tu cuerpo a Cristo como un sacrificio vivo (ver Ro. 12:1) para que Él pueda expresar su amor, poder y santidad perfectos a través de ti. Eso significa identificarte con Cristo. Cualquier cosa menos que eso es como poner tu automóvil en punto muerto y luego pisar el pedal del acelerador. Harás mucho ruido, pero no llegarás a ningún lado.

Tratar de vivir la vida cristiana en tus propias fuerzas es algo así como mi deseo de poder hacer lo que Michael Jordan hacía en la cancha de baloncesto. Aunque Jordan escribiera un libro sobre cómo hacer todo lo que hacía y yo adquiriera un ejemplar, nunca podría hacer lo mismo. ¿Por qué? Porque no tengo las manos, la altura o las piernas que tenía Michael Jordan.

Ah, pero si Mike pudiera decirme: "Voy a entrar en tu cuerpo y a dar poder a tus manos y piernas para que vueles por el aire y claves el balón en el aro", así estaría encaminado porque es otra historia completamente distinta. Desear que Michael Jordan u otra persona pueda habitar tu cuerpo es una fantasía. Permitir que Jesucristo exprese su vida a través de ti es una realidad. Él quiere darte todo lo que necesitas para que crezcas, madures y lo glorifiques.

El poder de Cristo en ti

Considera 1 Corintios 1:30: "Mas por él [Dios] estáis vosotros en Cristo Jesús, el cual nos ha sido hecho por Dios sabiduría, justificación, santificación y redención". En otras palabras, cuando recibiste a Cristo, recibiste todo el paquete. Él es tu punto de referencia y tu identidad. Por medio de Jesús, no hay nada que esté en su voluntad que no puedas hacer (Mt. 19:26). Puedes declarar junto a Pablo: "Todo lo puedo en Cristo que me fortalece" (Fil. 4:13).

Dame los dedos de Mozart, y no habrá una pieza musical que no pueda tocar. Dame la mente de Einstein, y no habrá una fórmula matemática que no pueda descifrar. Dame los brazos de Hank Aaron, y no habrá jonrones que no pueda batear. Dame la vida de Jesucristo, y no habrá victoria que no pueda lograr.

Sin embargo, antes de llegar a pensar que este asunto de vivir como un discípulo del reino es demasiado de otro mundo para que sea práctico, quiero llevarte otra vez a Gálatas 2:20. En la última parte de este importante versículo leemos: "Lo que ahora vivo en la carne, lo vivo en la fe del Hijo de Dios, el cual me amó y se entregó a sí mismo por mí".

Vivir como un discípulo del reino no es solo "Relajarte y dejarte llevar por Dios". Esta no es una relación pasiva en la que nos sentamos y paseamos mientras Jesucristo hace todo el trabajo. Él es nuestra vida, sin lugar a dudas, pero no la vive sin nosotros. La nueva vida que recibimos de Dios funciona a través de nuestro cuerpo y nuestra personalidad. Dios no te hará levitar para que siempre vayas adonde Él quiere que vayas. Él estará contigo cuando le hables a alguien acerca de Cristo, pero no hablará a través de ti como un titiritero que usa una marioneta.

Muchas veces nos quedamos sentados y decimos cosas como: "Está bien, Señor, sé que quieres que lea la Biblia, así que estoy esperando que me des un verdadero deseo de tu Palabra". No hay nada de malo en orar por tener deseo de la Palabra, pero es más probable que eso ocurra cuando dejes el teléfono inteligente y agarres la Biblia. Una vez más, Dios no hará levitar la Biblia, la pondrá sobre tu regazo y la abrirá en la página que Él quiere que leas. Debemos cooperar con la obra de Cristo en nosotros, y la forma en que actuamos en cooperación con Jesucristo es mediante el aprendizaje de cómo actuar desde el núcleo de nuestra identidad, que es la nueva naturaleza que opera en nuestra alma.

Un discípulo del reino debe descubrir el arte de actuar basado en su alma espiritualmente transformada en lugar de responder simplemente a su cuerpo. Para ello se requiere que el Espíritu Santo nos despoje de nuestra autosuficiencia (es decir, que produzca un quebrantamiento), para que nuestro espíritu humano transformado domine el alma, y no al revés.

Amigo, tú no eres tu cuerpo. Tu cuerpo es simplemente un contenedor para tu alma. Tu alma es tu esencia. Cuando una persona muere, esa alma permanece para siempre. La clave para experimentar una verdadera identidad con Cristo tiene lugar dentro de nuestra alma, porque nuestra alma ha sido creada para la eternidad.

El efecto del pecado en nuestra alma

El problema con nuestra alma es que está contaminada desde su nacimiento y eso la ha distorsionado. ¿Alguna vez has estado en un parque de atracciones en el sector de los espejos que te hacen ver súper gordo, delgado, alto, bajo o torcido? Eso le ha sucedido a nuestra alma. De diversas maneras, los efectos del pecado se han injertado en nuestra alma. El alma necesita una corrección, pero el problema es que el alma no puede corregirse a sí misma.

La mayoría de las veces tratamos de hacer que el alma se corrija a sí misma, pero eso es hacer que la distorsión corrija su propia distorsión. Yo llamo a esta estrategia *manejo del alma.*

El manejo del alma es gastar tiempo, energía y tal vez dinero en tratar de mejorar nuestra alma. Hacemos resoluciones y promesas que están ligadas al alma y su influencia en nuestro cuerpo. Escuchamos sermones, cumplimos con una lista de obligaciones y elaboramos planes para el manejo de nuestra alma.

> *Dios ofrece la transformación del alma. Jesús murió en la cruz para la salvación de tu alma.*

Sin embargo, Dios no quiere que nos concentremos en el manejo de la distorsión. La distorsión siempre será distorsión, no importa cuán bien la manejemos. Lo que Dios ofrece es la transformación del alma. Claro, en cierta medida, podríamos ser capaces de manejar algunas partes de nuestra alma por ciertos períodos de tiempo; pero nuestra alma nunca podrá cambiar, ser mejor o ser libre por sí misma. Solo Jesús puede hacerlo. Jesús murió en la cruz no solo para llevar tu alma al cielo, sino también para la salvación de tu alma en la tierra.

Sin embargo, antes de que pueda ocurrir tal salvación, debe ocurrir una segunda muerte. Esta es la rendición voluntaria de tu voluntad a la del Señor (descrita anteriormente en el capítulo 3). Jesús dijo que si quieres ser su discípulo, debes "[tomar tu] cruz cada día" y seguirlo (Lc. 9:23). La cruz simboliza un instrumento de muerte. Para que tu alma llegue a estar completamente viva, primero debe morir, y tendrá que morir cada día.

Cada mañana, al despertarte, no pienses en cómo manejar tu alma. En cambio, piensa qué parte de tu alma no está en sintonía con Dios y pídele que te ayude a hacer morir esa parte. Mientras intentes mantener tu alma viva, seguirá distorsionada. Nunca experimentarás el poder y el dominio que tu Creador dispuso que experimentaras como un discípulo del reino hasta que tu alma muera. El alma que necesita morir en ti es tu vida personal, tu opinión sobre un asunto, los mismísimos pensamientos que llenan tu mente.

La necesidad de que la simiente crezca

Sin embargo, no solo debe morir tu alma, sino que también debe crecer una nueva vida dentro de ella. Esta nueva vida viene primero a ti como una "simiente". Cuando aceptaste a Jesucristo como tu Salvador y recibiste el perdón de tus pecados, recibiste lo que la Biblia llama una "simiente" que es "incorruptible" (1 P. 1:23). Esta es tu nueva naturaleza como vimos anteriormente.

Sin embargo, hay muchos cristianos que tienen esta simiente y todavía se preguntan por qué la vida cristiana no parece funcionar. Intentan con el manejo del alma, pero terminan frustrados porque los resultados son solo temporales. La razón por la cual la simiente no está logrando la transformación es porque no han permitido que se desarrolle.

El desarrollo de la simiente afecta el control del alma. La vida propia continuará gobernando aunque tengas la vida espiritual dentro de ti, porque la vida espiritual todavía está en forma de simiente o semilla. Cada vez que tienes una semilla y no siembras esa semilla, no puede expresar vida. La semilla tiene vida, pero no puede expresarla. Como un óvulo fertilizado que se ha convertido en un embrión de dos semanas en el útero de una madre, esta "simiente" ya tiene todo el ADN dentro de ella para su máximo potencial de vida. Sin embargo, ese embrión de dos semanas de formación no expresará la vida de un bebé totalmente desarrollado hasta después del parto. Ahora ese bebé es el resultado de la simiente desarrollada.

En el libro de Santiago aprendemos mejor cómo permitir que

la simiente se desarrolle. El apóstol Santiago escribe: "Por esto, mis amados hermanos, todo hombre sea pronto para oír, tardo para hablar, tardo para airarse" (1:19). Te estarás preguntando qué tiene que ver esto con el desarrollo espiritual de un discípulo. La respuesta es: todo.

Fíjate que Santiago se está dirigiendo a cristianos, porque los llama "amados hermanos". De modo que estos versículos solo se aplican a aquellos que han aceptado a Cristo como su Salvador y quieren crecer como discípulos del reino. Santiago sigue su introducción con una enseñanza que es parte de la fórmula para producir crecimiento en ti. Dice que "todo hombre", por lo que nos incluye a todos, debe ser pronto para oír, tardo para hablar y tardo para airarse.

Tal vez te preguntes: pronto para oír ¿qué? Algunos versículos más adelante veremos que debemos ser prontos para oír la opinión de Dios sobre un asunto. La otra pregunta que quizás te estés haciendo es: tardo para hablar ¿qué? Debemos ser tardos para expresar nuestra opinión sobre un asunto. Y cuando la opinión de Dios sobre un asunto difiere de la nuestra, entonces leemos que debemos ser lentos para enojarnos por ello.

Sin embargo, a menudo lo tergiversamos y hacemos todo lo contrario. Somos rápidos para exponer nuestra opinión sobre un asunto, y nos demoramos en oír la opinión de Dios. Además somos rápidos para oír la opinión de otra persona sobre lo que debemos hacer en vez de ir primero a Dios, cuando Él dice que debemos ser prontos para oír lo que Él dice.

A medida que Santiago continúa, leemos lo siguiente: "Por lo cual, desechando toda inmundicia y abundancia de malicia, recibid con mansedumbre la palabra implantada, la cual puede salvar vuestras almas" (v. 21). Ten en cuenta que la palabra implantada "puede salvar vuestras almas".

"Espera un momento —dices—. Esas personas ya eran salvas. Los acaba de llamar 'amados hermanos', y sin embargo, sigue hablando de la salvación de sus almas". Sí, porque cuando tú y yo creímos en Cristo y recibimos el perdón de nuestros pecados, nuestro espíritu recibió la salvación eterna; pero nuestra alma no tuvo una transformación automática en la tierra.

Cuando fuiste salvo, llevaste tus pecados y problemas a la cruz. Jesús te salvó para la eternidad en un parpadeo (es decir, la justificación). Sin embargo, la salvación en la tierra es progresiva (es decir, la santificación). Pablo escribió: "Porque la palabra de la cruz es locura a los que se pierden; pero a los que se salvan, esto es, a nosotros, es poder de Dios" (1 Co. 1:18). En ese versículo, vemos claramente su referencia a nosotros como "los que se salvan", es decir, siendo transformados.

"Recibid la palabra implantada —escribió Santiago—, la cual puede salvar vuestras almas". Por lo tanto, elimina todo lo que pueda interferir en el desarrollo de la Palabra implantada. La nueva naturaleza, que es consecuente con la Palabra de Dios, ha sido implantada en tu alma en forma de simiente. Dios te pide que la recibas o la aceptes dentro de ti.

Una razón por la que no estamos experimentando la victoria como discípulos del reino, aunque deseamos hacerlo mejor, es porque no hemos recibido bien la simiente implantada en nuestra alma. Dios dice que si aceptas lo que ha sido implantado dentro de ti, salvará tu alma. Sin embargo, debes recibirla activamente, no contradecirla o ignorarla. Esto significa que como discípulos del reino que deseamos crecer espiritualmente, *debemos* mantener una forma de vida de arrepentimiento. Como dice Santiago en 1:21, debemos desechar toda inmundicia. El arrepentimiento es la decisión y la determinación interna de apartarse del pecado y ser obediente a Dios. Así como el pecado corta la comunión con Dios, el arrepentimiento es el medio a través del cual se restaura esa relación rota, que libera al Espíritu Santo para que active la vida en la simiente y tenga lugar el crecimiento espiritual y la comunión (1 Jn. 1:5-9). El arrepentimiento es la respuesta constante del creyente que quiere llegar a ser un discípulo del reino.

La necesidad de la Palabra como alimento

La palabra implantada se puede ilustrar mejor al compararla con un óvulo fertilizado en el útero de una mujer. Para su desarrollo, el óvulo fertilizado debe recibir alimento de una fuente externa.

La mujer come, y los nutrientes de su comida llegan al cordón umbilical donde permiten que el óvulo fertilizado se convierta en un bebé en desarrollo.

Así como el óvulo fertilizado requiere alimento para convertirse en el bebé que un día nacerá, la simiente que se ha implantado en nosotros también requiere alimento. La Palabra de Dios escrita debe llegar a lo profundo de nuestra alma, donde la Palabra implantada permanece con la simiente incorruptible para que esa simiente se desarrolle y se exprese la vida de Cristo.

La única herramienta diseñada para desarrollar la semilla implantada en el alma es la Palabra de Dios. No hay otra herramienta. La predicación del domingo por la mañana, en sí misma, no es una herramienta. Los libros inspiradores, en sí mismos, no son una herramienta. Incluso los estudios temáticos, por sí mismos, no son una herramienta. Si bien estas cosas son buenas en nuestro crecimiento y desarrollo personal, no pueden reemplazar al alma que recibe la propia Palabra de Dios. Debes ocuparte en estudiar, memorizar, meditar y tratar de comprender y aplicar la Palabra de Dios cada día. Y también debes recibirla.

Algunos de los que leen esto pueden haber estado yendo a la

iglesia por años. Es posible que hayan estado leyendo la Biblia durante años, pero su alma no ha cambiado. O cambian por un tiempo y luego vuelven a ser como eran antes. ¿Por qué no funciona en su vida? La respuesta a esta pregunta se encuentra en la palabra "recibir". Es posible tener la palabra implantada, pero aún no haberla recibido. La palabra "recibir" significa "dar la bienvenida", es decir, aceptarla con la decisión de obedecerla.

Cuando damos la bienvenida a la Palabra de Dios, produce resultado en nuestra alma. Hebreos describe el efecto de las Escrituras de esta manera: "Porque la palabra de Dios es viva y eficaz, y más cortante que toda espada de dos filos; y penetra hasta partir el alma y el espíritu, las coyunturas y los tuétanos, y discierne los pensamientos y las intenciones del corazón" (4:12).

La Palabra de Dios es viva. La palabra griega usada aquí es *logos*. Significa la palabra viva. "En el principio era la Palabra, y la Palabra era con Dios, y la Palabra era Dios" (Jn. 1:1, RVA-2015). Es la Palabra de Dios llena de energía que da vida.

La Biblia llama a esta Palabra alimento para el alma. Así como comes alimentos que proporcionan una nutrición adecuada para que tu cuerpo funcione bien, también hay alimentos para el alma. La Biblia es para el alma lo que la comida es para el cuerpo. Jesús dijo que "no sólo de pan vivirá el hombre, sino de toda palabra que sale de la boca de Dios" (Mt. 4:4).

El efecto de la Palabra en nuestra alma y nuestro espíritu

El libro de Hebreos dice que cuando este alimento llega a donde nuestra alma necesita, penetra hasta partir el alma y el espíritu para que podamos diferenciar entre lo que es de Dios y lo que es de nosotros. Sin embargo, para que pueda hacer eso, debemos recibirla y aceptarla dentro de nosotros. Recibir la Palabra significa que tiene que llegar más allá de tus oídos durante un sermón dominical. El propósito del sermón es inspirarte a un estudio personal más profundo de la Palabra sobre el tema predicado. Debes hacer una tarea de discipulado en tu propia alma. Nadie más puede hacerlo por ti.

¿Qué es el alma? Es tu esencia, tu mente, tus emociones y tu voluntad. ¿Qué es el espíritu? Es la naturaleza divina, la simiente que Él ha implantado en ti: tu nueva naturaleza. Cuando la Palabra llega al nivel que necesita, hace una distinción entre lo que eres tú y lo que es Dios.

La Palabra de Dios dividirá tu vida de la vida de Dios. ¿Cuáles son tus pensamientos y cuáles son los de Dios? ¿Cuáles son tus sentimientos y cuáles son los de Dios? ¿Cuál es tu decisión y cuál es la de Dios? La Palabra de Dios hace una distinción entre los dos.

Recuerda que las Escrituras declaran que "engañoso es el corazón más que todas las cosas, y perverso" (Jer. 17:9). Por eso necesitamos las Escrituras, "porque la Palabra de Dios... discierne los pensamientos y las intenciones del corazón" (He. 4:12). Necesitamos la Palabra de Dios para discernir qué es genuino en nuestro corazón y qué es la carne. Así como el corazón es vital para bombear sangre a cada parte de tu cuerpo, la Palabra de Dios es vital y tiene poder cuando llega a tu corazón.

> *Sé pronto para oír la opinión de Dios sobre un asunto. Sé tardo para expresar tu opinión sobre un asunto.*

Puede que lo que leas en este libro te llegue a la cabeza y digas: "Tony, entiendo lo que estás diciendo". O quizás llegue a tus emociones y digas: "Sí, siento lo que estás diciendo". O puede llegar a tu voluntad y digas "Sé qué decisión debo tomar".

Sin embargo, si no te llega al corazón, no ha llegado a su destino. Y si no ha llegado a su destino, entonces no la has recibido.

A medida que la simiente se desarrolla en tu alma, comenzará a dominar tus pensamientos, tus sentimientos y tu voluntad para que las acciones que reflejan la perspectiva de Dios se vuelvan naturales para ti en tu vida diaria. Esa es la diferencia. No serán solo reacciones basadas en un sermón, capítulo o devocional que hayas leído esa mañana. Vivirás como un discípulo del reino de manera natural, fluida y orgánica.

Pero para llegar a ese punto, debes recibir la Palabra implantada a un nivel en el que pueda juzgar los pensamientos y las intenciones de tu corazón. Recuerda:

> Sé pronto para oír. Oír ¿qué? *La opinión de Dios sobre un asunto.*
>
> Sé tardo para hablar. Hablar ¿qué? *Tu opinión sobre un asunto.*

Y sé tardo para airarte cuando la opinión de Dios sea diferente a la tuya, a la de tus padres, a la de tus amigos y a la de tus compañeros de trabajo.

Dios no quiere que te enojes cuando no te gusta lo que oyes, porque Dios no está tratando de ser popular en este momento. Está tratando de hacerte libre y salvar tu alma. Cuando la Palabra de Dios mora ricamente en tu alma, no tienes que forzarte a vivir conforme a tu identidad en Cristo. Cristo, que es la Palabra viva (Jn. 1:1), es tu identidad de manera natural. La vida de un discípulo del reino proviene de la transformación interna basada en el poder del Espíritu, que permite que el poder de la Palabra te una de tal manera a Cristo que lo reflejes en todo lo que hagas.

El punto de partida: Nuestra posición con Jesús

Colosenses 3:1 es fundamental para el proceso de reemplazar nuestra opinión por la de Dios. Pablo escribió: "Si, pues, habéis resucitado con Cristo, buscad las cosas de arriba, donde está Cristo sentado a la diestra de Dios". La solución al problema de vivir como un discípulo del reino no está aquí en la tierra. El punto de partida de nuestra identidad es nuestra posición espiritual con Cristo.

¿Cómo "[buscas] las cosas de arriba"? Lo haces con tu corazón y todo lo que hay en ti. La palabra griega para "buscar" es un término que implica "poner nuestro corazón en" y se usa en las Escrituras frecuentemente para referirse a buscar diligentemente, como encontramos en las palabras de Jesús:

- "Mas buscad primeramente el reino de Dios y su justicia" (Mt. 6:33).
- "Pedid, y se os dará; buscad, y hallaréis" (Mt. 7:7).
- "¿Por qué me buscabais? ¿No sabíais que en los negocios de mi Padre me es necesario estar?" (Lc. 2:49).
- "Por tanto, no anden afligidos, buscando qué comer y qué beber" (Lc. 12:29, DHH).
- "¿O qué mujer que tiene diez dracmas, si pierde una dracma, no enciende la lámpara, y barre la casa, y busca con diligencia hasta encontrarla?" (Lc. 15:8).
- "Porque el Hijo del Hombre vino a buscar y a salvar lo que se había perdido" (Lc. 19:10).

Al "buscar las cosas de arriba", ponemos nuestro corazón en su perspectiva sobre cada asunto de nuestras vida, aun cuando esa perspectiva contradiga la de nosotros. No debemos ser como el apóstol Pedro que invocó el nombre de Dios en el uso de la lógica humana bien intencionada con el fin de proteger a su maestro del sufrimiento y la cruz (Mt. 16:21-28). Jesús reprendió su pensamiento por tener su origen en Satanás, porque no era consecuente con el plan de Dios. En la verdad revelada de Dios, no en nuestra perspectiva humana, encontramos la clave para vivir victoriosamente y gobernar con autoridad como discípulos del reino.

Entonces, ¿cuáles son los principales componentes de lo que debemos ser y lo que debemos hacer en Cristo, tal como se resume en lo que Jesús llama los dos mandamientos principales? Debemos amar a Dios y amar al prójimo. Haz estas dos cosas y todo lo demás estará en línea con Dios. Sé que estoy repitiendo lo que vimos en el capítulo 4 sobre nuestro compromiso y el costo, pero como cuerpo de Cristo nos hemos alejado tanto de estas dos reglas principales del amor, que es necesario volver a repetirlas.

Cambia tu mentalidad de los valores de la tierra a los del cielo, y comenzarás a vivir como un discípulo del reino.

Cuando tu corazón y tu mente buscan con regularidad vivir la esencia de estos dos mandamientos de amar a Dios y amar al prójimo, estás viviendo como un discípulo del reino. Mantén tu corazón y tu mente en estas dos verdades, y todo lo demás estará en su debido lugar. Sin embargo, recuerda que el deseo de buscar —como en los ejemplos dados para ese término en las Escrituras— generalmente está motivado por las emociones. Requiere volver constantemente tu corazón *y* tu mente a la definición bíblica del amor y tratar de vivirlo. Recuerda también que el amor incluye bondad, amabilidad, mansedumbre, humildad, contentamiento, paciencia, perdón, esperanza y confianza. El amor es la verdad.

En una oportunidad, Jesús hizo una declaración muy reveladora. "Conoceréis la verdad, y la verdad os hará libres" (Jn. 8:32). Dicho de otra manera, si eres cristiano, tu nueva identidad en Cristo es verdad, lo hayas comprendido o no. La verdadera realidad para ti está en los atributos que se encuentran en los lugares celestiales, no en la tierra. Una vez que cambies tu mentalidad de los valores de la tierra a los del cielo, comenzarás a vivir como un discípulo del reino. Y empezarás a experimentar los beneficios de tu identidad en Cristo, comenzando con su paz.

El apóstol Pablo escribió: "Y la paz de Dios, que sobrepasa todo entendimiento, guardará vuestros corazones y vuestros pensamientos en Cristo Jesús" (Fil. 4:7). La palabra "guardar" significa hacer guardia, vigilar como un centinela. En Colosenses 3:15, Pablo dice que la paz de Dios "gobierne" en nuestros corazones. ¿Podrías experimentar un poco de paz en tu vida en este momento? Creo que todos podríamos.

El Espíritu Santo permite que esta paz —y gozo— gobiernen en tu corazón cuando tu corazón y tu identidad están escondidos con Cristo, en Dios, y reflejan su carácter y sus atributos como un discípulo del reino (Ro. 14:17).

CAPÍTULO 6

Una intimidad profunda

Muchas parejas de mucho tiempo de casados estarán de acuerdo en que la intimidad es uno de los primeros elementos del matrimonio que se deteriora si no se cultiva. Es irónico porque para la mayoría de las parejas jóvenes en una relación seria de noviazgo o compromiso, es precisamente la cualidad de esta intimidad lo que hace que todo sea tan especial y emocionante.

Antes del matrimonio, existe la intimidad romántica y emocional de estar juntos, intercambiar pensamientos, sueños y risas, y simplemente deleitarse en la presencia del otro. La intimidad continúa incluso aunque los dos estén separados mientras hablan por teléfono o se envían mensajes de texto y piensan el uno en el otro. E incluso en una relación prematrimonial sexualmente pura, existe la intimidad de un abrazo y un beso o tomarse tiernamente de las manos.

Si estuviste de novio antes de la época de los cinturones de seguridad, recordarás sentarte lo más cerca posible de tu amada. De hecho, en esos días se podía saber cuándo una pareja no se llevaba bien, porque la muchacha se sentaba lo más cerca posible de la puerta del pasajero. Otra cosa que suele suceder en los días iniciales y emocionantes del primer amor es que la relación domina sobre el desempeño.

Con eso me refiero a que la muchacha puede decir: "Cariño, tengo que decirte que no soy exactamente la mejor cocinera del mundo".

Él no escucha ni una palabra de lo que ella le dice. Está tan fascinado con sus ojos y la forma adorable de hablar, que su habilidad culinaria es totalmente irrelevante para él. También sucede en la otra parte. El muchacho puede tener un trabajo con un salario mínimo o asistir a la universidad y apenas puede pagar la gasolina, una hamburguesa y una película. Sin embargo, ella guarda el talón del boleto de su primera cita como si fuera un anillo de compromiso de diamantes.

Y luego, cuando una pareja se une en el vínculo sagrado del matrimonio, su alegría se multiplica al descubrir el placer y la intimidad de una relación física comprometida en una sola carne.

Ahora, la etapa de la luna de miel en el matrimonio llega a su fin, y eso está bien, porque no está destinada a seguir en el tiempo. Sin embargo, mientras que la novedad de una relación puede desaparecer, la intimidad no debe hacerlo. De hecho, el propósito de Dios para un matrimonio del reino es que la intimidad de una pareja —la verdadera unión de corazón, espíritu y cuerpo— se profundice y se enriquezca con el paso del tiempo.

La intimidad es uno de los mayores deleites y bendiciones que dos personas pueden disfrutar en una relación cercana. La capacidad de acercarse a otra persona y compartir sus vidas de tal manera que se conozcan hasta en lo más íntimo es parte de la imagen de Dios que tenemos como seres humanos emocionales y relacionales.

Ahora déjame hacerte una pregunta. Si Dios nos diseñó con

una profunda necesidad y un profundo deseo de intimidad en nuestras relaciones humanas, y si la intimidad refleja la imagen de Dios en nosotros, ¿qué piensas que busca Dios en su relación con nosotros? Adivinaste: quiere una relación íntima y comprometida. Sin embargo, desdichadamente, con demasiada frecuencia Dios es el amor abandonado en nuestra relación unilateral con Él. Sin embargo, Él desea la intimidad de una relación cercana contigo.

El resto de la creación de Dios desempeña tareas para Él, pero la intimidad de la relación con Él está reservada para aquellos que conocen a Cristo como su Salvador y tienen una nueva identidad en Él. A menudo escuchamos la pregunta: "Si supieras que Dios mismo está esperando en un Starbucks para hablar y pasar tiempo contigo, ¿te apresurarías a reunirte con Él?". Estoy seguro de que la respuesta es sí, ¡y es probable que ni pidas un café! Amigo, Dios desea, incluso anhela, una relación espiritual íntima contigo. ¡Sí, contigo!

Tres pasajes de las Escrituras enseñan esta verdad, que es una parte vital de tu vida como un discípulo del reino. Es vital porque la verdadera intimidad nos motiva en todo lo que hacemos. Cuando realmente amas a tu cónyuge, tu pareja no tienen que pedirte que llames por teléfono, saques la basura, te ocupes de la ropa sucia o realices todas las tareas necesarias en la vida. Lo haces naturalmente. No solo eso, sino que dos personas que se conocen íntimamente son libres de ser ellas mismas una con la otra. No sienten la presión de tratar de cumplir con un estándar de desempeño o ser personas que no son. Por lo tanto, si tu mayor deseo es vivir victoriosamente como un discípulo del reino, te recomiendo que comiences a desarrollar una relación de amor íntima, rica y espiritualmente gratificante con Jesucristo.

La pasión de la intimidad

La intimidad, sin lugar a dudas, implica pasión, de la cual la pasión física es solo un componente. Ese suele ser el primer aspecto en el que pensamos, pero no es tan importante como la intimidad espiritual. Esta es mi definición de pasión: un impulso avasallador de acercarnos y conocer más a fondo a la persona con la que queremos ser íntimos. Por lo tanto, nuestra relación con Cristo como sus discípulos debería estar marcada por una pasión permanente por conocerlo mejor y acercarnos a Él. Pablo tenía ese tipo de pasión por conocer a Cristo de manera íntima. Lo sabemos por la clásica declaración del apóstol sobre la relación frente al desempeño en Filipenses 3:4-14.

El contexto aquí es importante, porque el capítulo comienza con una advertencia sobre "los perros" y "los mutiladores del cuerpo" (Fil. 3:2). Estos eran los "judaizantes", aquellos que estaban tratando de hacer que los filipenses se concentraran en el cumplimiento de las reglas más que en su relación con Cristo. Su pasión era hacer cumplir las leyes. En contraste, Pablo escribió que el poder de la vida cristiana se encuentra en conocer a Cristo (v. 10).

Filipenses 3:3 ofrece una descripción concisa de la vida como un discípulo del reino. "Porque nosotros somos la circuncisión, los que en espíritu servimos a Dios y nos gloriamos en Cristo Jesús, no teniendo confianza en la carne". Qué declaración del valor de la persona de Cristo por encima del desempeño religioso. La única respuesta para la carne es clavarla en la cruz de Cristo. Cualquiera que esté seguro de poder vivir para Cristo en la fuerza de la carne está condenado a la derrota espiritual.

En el versículo 4, Pablo rompió el hilo del discurso hasta el versículo 6, para hacer una revisión de sus credenciales como un "judío de judíos", una de las estrellas jóvenes más brillantes del mundo judío contemporáneo. El argumento fue directo e irrefutable. Si las normas del desempeño carnal, incluso la pasión religiosa, pudieran ganar el favor de Dios, Pablo habría estado a la cabeza de la fila para entrar al cielo. El hombre tenía un currículum que nadie podía igualar:

> [Fui] circuncidado al octavo día, del linaje de Israel, de la tribu de Benjamín, hebreo de hebreos; en cuanto a la ley, fariseo; en cuanto a celo, perseguidor de la iglesia; en cuanto a la justicia que es en la ley, irreprensible (Fil. 3:5-6).

No faltaba nada en la educación religiosa de Pablo. Provenía de una buena familia, y tenía todas las pequeñas medallas necesarias para asistir a la sinagoga perfecta. Había sido hecho parte de la nación del pacto de Israel a través del rito de la circuncisión. Además, Pablo provenía de una buena línea genealógica. Los hombres de la tribu de Benjamín eran guerreros, que permanecieron fieles cuando el resto de la nación fue infiel a Dios. Pablo tenía todos los ingredientes para ser un judío entre los judíos, lo mejor de lo mejor.

Este brillante judío aprovechó las ventajas que tenía. Se convirtió en fariseo, el pináculo de la jerarquía religiosa. Estudió la Ley. Tal vez había memorizado el Pentateuco: los cinco libros de Moisés. Podía decir que cumplía escrupulosamente la Ley, y cuando se necesitaba ofrecer un sacrificio, él estaba allí para hacerlo.

Y Pablo tampoco hacía todo eso con un bostezo. Estaba tan apasionado por su judaísmo farisaico que decía: "Déjenme atrapar a estos cristianos. Los atraparé a todos. Si quieren que alguien elimine esta nueva secta, yo soy el indicado" (ver Hch. 9:1-2). Había una sola cosa que le faltaba a Pablo. No conocía a Cristo, por lo que todas sus credenciales eran inútiles ante Dios. Esta idea es difícil de aceptar hoy día, porque toda nuestra cultura está impulsada por el desempeño. Tu buen desempeño determina tus aumentos y promociones en el trabajo, tu aceptación en muchos círculos sociales y tal vez incluso tu aceptación en el hogar.

Sin embargo, la realidad espiritual golpeó a Pablo entre los ojos ese día al caer a tierra en su camino a Damasco cuando Jesús lo detuvo y lo salvó (Hch. 9:3-9). Ahora Pablo podía decir: "Pero cuantas cosas eran para mí ganancia, las he estimado como pérdida por amor de Cristo" (Fil. 3:7). Cuando Pablo se encontró con Jesús en el camino de Damasco, tuvo que dejar todo su orgullo y su desempeño religioso en el polvo. Tuvo que llegar a la misma comprensión que todos los pecadores: que el único camino al cielo es una Persona, no una hoja de desempeño.

Pablo tuvo que llegar a la misma comprensión que todos los pecadores: que el único camino al cielo es una Persona, no una hoja de desempeño.

Quiero que veas el grado de la pasión de Pablo por conocer a Cristo íntimamente; porque recuerda que todo esto apunta a una declaración culminante en el versículo 10. Pablo dijo básicamente: "Conocí a una Persona que me llevará al cielo, y todavía estoy conociendo a esa Persona que me hace fuerte y victorioso en la tierra". El poder de vivir para Cristo proviene de conocer a la persona de Cristo y de recibir la justicia que solo viene por la fe en Él (Fil. 3:9). Lo que necesitas ver a lo largo de este pasaje es que Pablo abandonó alegremente su búsqueda del estrellato en el judaísmo debido a su pasión por conocer a Cristo con el tipo de intimidad que trascendía cualquier otra relación.

"A fin de conocerle"

Esto nos lleva a Filipenses 3:10. Si necesitas un versículo para edificar tu vida, es este. Si quieres dedicarte a algo el resto de tu vida, no hay nada mejor que esto. "A fin de conocerle, y el poder de su resurrección, y la participación de sus padecimientos, llegando a ser semejante a él en su muerte".

Los discípulos del reino buscan conocer a Cristo íntimamente.

Pablo hizo una vez una declaración muy interesante con respecto a su conocimiento de Cristo. El apóstol dijo: "De manera que nosotros de aquí en adelante a nadie conocemos según la carne; y aun si a Cristo conocimos según la carne, ya no lo conocemos así" (2 Co. 5:16). Antes de su conversión, Pablo conocía a Cristo en el sentido de que había escuchado sobre este Hombre Jesús y quizás incluso lo había visto alguna vez. Sin embargo, después de convertirse al cristianismo, Pablo realmente llegó a conocer al Señor, y su conocimiento superficial anterior se borró porque se convirtió en una criatura completamente nueva (v. 17). Pablo se encontró cara a cara con el poder de la resurrección.

¿Por qué algunos cristianos experimentan victoria mientras otros son derrotados? La respuesta no está en sus circunstancias, porque los cristianos victoriosos y los cristianos derrotados se enfrentan básicamente al mismo tipo de pruebas. La respuesta no está en quién va más a la iglesia o quién lee más la Biblia. La respuesta es que los cristianos victoriosos conocen a Cristo de manera más íntima, y así experimentan el poder de su resurrección, la autoridad del reino que se transfiere a los discípulos del reino.

A muchos de nosotros nos gustaría poner un punto después de la frase "el poder de su resurrección" en Filipenses 3:10; pero si queremos a conocer a Cristo con la clase de intimidad que nos acerca, debemos conocerlo en "la participación de sus padecimientos, llegando a ser semejante a él en su muerte".

Estamos llamados a participar de los padecimientos de Cristo. Para Pablo, tener comunión con Cristo en sus sufrimientos significó una persecución severa, numerosas dificultades y finalmente el martirio. No obstante, también significó un tipo especial de intimidad y autoridad con el Señor que no se puede experimentar de otra manera. Si alguna vez has sufrido profundamente con otra persona, sabes de lo que estoy hablando. Nunca seremos realmente íntimos con otra persona si le decimos: "Solo quiero compartir los buenos momentos contigo. Mantén tus sufrimientos para ti".

Muchos creyentes hoy quieren conocer los cinco pasos para lograr la victoria espiritual y ejercer la autoridad espiritual como discípulos o los cuatro pasos para obtener la paz. Ese es el estilo norteamericano. Solo dame una lista de pasos a dar, y lo haré al pie de la letra. No me malentiendas. Nada de lo que estoy diciendo sobre el discipulado orientado al desempeño implica que no tenemos que hacer nada como cristianos. Dios nos creó para buenas obras (Ef. 2:10). Y podría haber un par de cosas que debemos dejar de hacer o comenzar a hacer, para fortalecer nuestra vida con Cristo.

El problema es que atribuimos a nuestras listas un poder que no tienen. Supongamos que alguien me dice: "Tony, dame una lista de cinco cosas que puedo hacer para ser un mejor cristiano". Entonces, le doy una lista de las cosas básicas, como leer la Biblia y pasar tiempo en oración, y luego lo llamo dos semanas después para ver cómo está. "La verdad es que no estoy mejor —me dice—. Ya conocía esas cosas de la lista; pero no tengo constancia en hacerlas".

El problema de esta persona imaginaria es también nuestro

problema. Sabemos qué hacer. La cuestión es de dónde obtenemos el poder para hacer lo que sabemos. La Biblia declara que el poder viene de la relación. El poder viene cuando la palabra viva, Jesucristo, alcanza la palabra implantada en nuestra alma. El poder viene al permanecer en Cristo.

Permanece en la vid

Jesús pronunció las palabras de Juan 15 en el aposento alto justo antes de su crucifixión, probablemente, en el entorno más íntimo que encontramos en las Escrituras. Con sus discípulos a su alrededor y Juan apoyado sobre su hombro (Jn. 13:23), Jesús dijo: "Yo soy la vid verdadera, y mi Padre es el labrador. Todo pámpano que en mí no lleva fruto, lo quitará; y todo aquel que lleva fruto, lo limpiará, para que lleve más fruto" (15:1-2).

Jesús usó una ilustración conocida para explicar su argumento. Los discípulos sabían todo sobre vides y frutos. La pregunta era, entonces: ¿cómo iban a producir el fruto que Dios deseaba?

Jesús continuó: "Permaneced en mí, y yo en vosotros. Como el pámpano no puede llevar fruto por sí mismo, si no permanece en la vid, así tampoco vosotros, si no permanecéis en mí. Yo soy la vid, vosotros los pámpanos; el que permanece en mí, y yo en él, éste lleva mucho fruto; porque separados de mí nada podéis hacer" (Jn. 15:4-5). El fruto tiene tres características clave. En primer lugar, siempre tiene el carácter del árbol del que forma parte (los perales no producen manzanas). En segundo lugar, el fruto siempre es visible. En tercer lugar, el fruto existe para beneficio de otros. El fruto que se consume a sí mismo está podrido. Por lo tanto, los discípulos del reino hacen discípulos y producen frutos en la vida de los demás (v. 8).

La autoridad en la oración es la manifestación práctica y

el resultado de la transferencia de la autoridad del reino. Jesús afirma que aquellos creyentes que tienen intimidad con Él obtienen la respuesta del cielo a sus oraciones (Jn. 15:7). El cielo está obligado a responder a los creyentes que actúan como discípulos del reino cuando invocan la presencia de Dios en los asuntos de esta vida. Para los discípulos del reino, ver lo sobrenatural operar en lo natural no ha de ser un hecho aleatorio. La oración contestada para los discípulos del reino es parte del derecho legal delegado a aquellos que legítimamente ejercen la autoridad que se les otorga según el nivel de su compromiso relacional con el Salvador.

La clave está en tu relación con Cristo. Como pámpano das fruto, pero la sustancia vivificante fluye hacia ti desde la vid. Cada vez que intentas producir fruto por ti mismo, te faltan los nutrientes y el poder necesarios para producir fruto duradero.

"Permanecer en Cristo" es otra manera de referirse a la intimidad con Cristo. Cristo quiere expresar su vida a través de ti, que es el resultado de tu unión con Él. Si tu vida de oración es solo cuestión de hacer peticiones de emergencia en pánico cuando tienes problemas, no estás experimentando esta intimidad. Si tienes tu momento devocional por la mañana para poder sacártelo de encima y seguir con tus obligaciones, no comprendes qué es permanecer en Él. Si la iglesia es solo tu "tiempo semanal con Dios", no darás fruto.

"Permanecer en Cristo" es otra manera de referirse a la intimidad con Cristo.

Esto se debe a que permanecer significa exactamente lo que la palabra indica. Implica quedarse en el mismo lugar, morar, mantener una unión fuerte. Significa que puedes respirar hondo y permitirte conocer a Jesús. Abandonar todo esfuerzo autoimpuesto.

Una mujer joven de nuestra iglesia, después de años de fumar, decidió que quería dejar el hábito. Probó todos los productos para dejar de fumar del mercado, pero nada le dio resultado. Finalmente, decidió que en lugar de concentrarse en todas las cosas que hacía para dejar de fumar, se concentraría en estar en la presencia de Dios y conocerlo. En treinta días, había dejado de fumar debido al poder de la presencia de Dios. Cuando estás cerca de Jesucristo, encuentras lo que necesitas para vencer las dificultades que enfrentas. No solo eso, se te comienzan a abrir puertas que nunca podrías haber abierto por ti mismo.

La historia cuenta que había una vez un bulldog y un caniche que discutían. El bulldog se estaba burlando del caniche y le decía que era un enano insignificante y debilucho que no podía hacer nada. Entonces el bulldog le dijo: "Te hago un desafío. Veamos quién puede abrir la puerta trasera de tu casa más rápido y entrar".

El bulldog pensaba que giraría la perilla de la puerta con sus poderosas mandíbulas y abriría la puerta, ya que el caniche era demasiado pequeño para llegar hasta la perilla.

Sin embargo, para sorpresa del bulldog, el caniche dijo: "Puedo entrar a mi casa más rápido que tú. Acepto el desafío".

Así que mientras el caniche miraba, el bulldog corrió hacia la puerta trasera de su casa y saltó hasta la perilla. Intentó girarla con sus dientes y patas, pero no pudo agarrarla lo suficiente como para hacerla girar. Finalmente, se rindió exhausto.

Ahora era el turno del caniche. "Adelante, tampoco podrás hacerlo", gruñó el bulldog, tratando de calmar su orgullo herido. El caniche fue hasta la puerta y rascó un par de veces. El dueño de la casa no solo abrió la puerta, sino que cariñosamente tomó al caniche en sus brazos y lo llevó adentro.

La diferencia estuvo en la relación. Algunos de nosotros somos cristianos bulldog. Todo son gruñidos, rezongos e intentos, cuando Cristo quiere que nos acerquemos a Él. Acércate a Cristo como su discípulo y te sorprenderás de lo que Él hará en ti y a través de ti.

El proceso de la intimidad

El título de esta sección puede parecer extraño, porque se supone que la intimidad es una de esas cosas que deberían suceder de manera espontánea, sin ninguna indicación. Incorrecto. Pregunta a cualquier pareja casada si la intimidad emocional, espiritual y física profunda y satisfactoria ocurre mágicamente, sin ningún esfuerzo por parte de cada uno de los cónyuges, y te dirán que no funciona de esa manera. Hay un proceso para la intimidad con Jesús, y lo vimos en el capítulo anterior cuando hablamos de recibir "la palabra implantada, la cual puede salvar vuestras almas" (Stg. 1:21). Jesús añadió algo más mientras hablaba con sus discípulos sobre la necesidad de permanecer en Él. Incluyó un elemento muy importante cuando dijo: "Si permanecéis en mí, y mis palabras permanecen en vosotros, pedid todo lo que queréis, y os será hecho" (Jn. 15:7).

Él dice que si permanecemos en Él y sus palabras permanecen en nosotros, entonces podemos pedir lo que queramos y lo recibiremos. Podemos pedir que nos haga libres de una adicción, actitud incorrecta, relación opresiva o cualquier cosa contraria a su voluntad. Podemos pedir una promoción, un sueño o destino esperado; pero esta es la pregunta. ¿Cómo hago para que sus palabras permanezcan en mí? ¿Cómo logro que sus palabras lleguen a lo profundo de ese nivel del que hablamos antes, donde se implantó la simiente? ¿Cómo influirá en mí para que llegue a ser quien Dios destinó que fuera a través de la redención?

La epístola de Santiago responde esa pregunta. Después de haber recibido la Palabra de Dios, Santiago nos exhorta a ser "hacedores de la palabra" en lugar de ser solo "oidores" y explica por qué es necesario:

> Porque si alguno es oidor de la palabra pero no hacedor de ella, éste es semejante al hombre que considera en un espejo su rostro natural. Porque él se considera a sí mismo, y se va, y luego olvida cómo era. Mas el que mira atentamente en la perfecta ley, la de la libertad, y persevera en ella, no siendo oidor olvidadizo, sino hacedor de la obra, éste será bienaventurado en lo que hace (Stg. 1:23-25).

La palabra "hombre" usada en ese pasaje es la palabra griega para "varón". Por lo general, un hombre se mira brevemente al espejo y luego se va y se olvida de lo que vio. Por el contrario, las mujeres pasan más tiempo frente al espejo y prestan especial atención a su apariencia.

Santiago dice que debemos acercarnos a las Escrituras como la mujer se mira al espejo: mirar atentamente. Debemos tomarnos tiempo para meditar en los versículos, hasta que el Espíritu Santo toque nuestra alma con las verdades transformadoras de la Biblia. Santiago nos exhorta a "[mirar] atentamente" a la ley perfecta, a dejar que la Palabra de Dios te haga libre y no seas un oyente olvidadizo, sino un hacedor eficaz. Para convertirte en un hacedor eficaz de las Escrituras, la Palabra debe fluir naturalmente de ti.

Para que eso suceda, debes establecer una relación con la Palabra viva, Jesús. Leer o escuchar de manera casual las Escrituras nunca dará resultado. Escuchar un sermón o incluso leer un libro escrito sobre la Palabra puede terminar por ser una pérdida de tiempo. Puede que la hayas escuchado o leído, pero no puedes usar la Palabra, porque no le has permitido permanecer, morar y desarrollarse hasta que llegue a ser lo que se destinó que fuera. Cuando permaneces en la Palabra de Dios y dependes del Espíritu Santo, la transformación espiritual es inevitable (2 Co. 3:17-18).

Permanecer: Pasar tiempo en el entorno correcto

Santiago explica que debes mirar atentamente la Palabra. Jesús dijo: "Si vosotros permaneciereis en mi palabra, seréis verdaderamente mis discípulos" (Jn. 8:31). Es como alguien que carga la batería de su teléfono celular al final del día. Cuando conectas tu teléfono celular al cargador, lo dejas allí para que pueda cargar la electricidad que necesita para funcionar. Si dejas el teléfono desconectado demasiado tiempo, perderá toda la energía.

¿Dices que tienes este problema en tu vida y que has orado y le has pedido a Dios que te haga libre, pero no lo hizo? Bueno, ¿viste cuando dejas los platos sucios por un tiempo y la suciedad se endurece? ¿Qué haces? Los dejas en remojo. Los dejas un buen rato sumergidos en agua caliente.

Después que permanecieron en el agua un buen rato, lo que tenías que fregar ahora se desprende fácilmente, porque han permanecido en el entorno diseñado para ablandarlo. En cierto modo, permanecer es pasar tiempo en el entorno correcto, renovarse y cargar las baterías.

¿Recuerdas lo que vimos en el capítulo anterior? Tienes una simiente implantada en ti. Es tu nueva naturaleza. Cuando permaneces en Jesús —sus palabras, su perspectiva, su opinión sobre un asunto—, esa palabra se une con la simiente que ya está en ti y comienza a desarrollarse. Tu alma debe dar lugar a la influencia del espíritu a medida que crece.

Eso significa que tu alma ya no tiene control sobre ti. Ya no tiene la última palabra. Así sabrás cuando la simiente esté creciendo y el espíritu esté tomando el control. Lo sabrás porque los cambios que se originarán dentro de ti serán naturales para ti. No tendrás que forzar la paz. No tendrás que forzar la bondad. No tendrás que forzar la gracia o crear falsas esperanzas. No tendrás que cumplir con tu lista de deberes cristianos. O fingir respeto hacia un familiar, compañero de trabajo o jefe. Simplemente, te fluirá de manera natural debido al desarrollo de la simiente dentro de ti, la nueva vida identificada con Jesucristo. Ejercerás la autoridad del reino como un discípulo del reino. Esta simiente —esta relación e identificación con Jesucristo y sus palabras— le dirá a tu alma: "Oye, alma, ya no soy como era. Ya no hablo así. No miro eso. No trato a la gente así. No bebo así. No me quejo así. No me doy por vencido así. No manipulo así. No me preocupo así. Ya no soy así".

Al identificarte con Cristo a través de una relación íntima y duradera, en la que participas de sus padecimientos, te conformas a su carácter y permaneces en sus palabras, puedes vivir como un discípulo victorioso del reino. Y no solo por una semana o unos pocos meses; sino para siempre.

Capítulo 7

Un crecimiento sostenido

¿Alguna vez te has tomado un momento para abrir el álbum de fotos de tu bebé y niño pequeño y echaste un vistazo a cómo era tu vida cuando eras más joven? *"Throwback Thursday"* [Jueves nostálgicos] brinda a muchas personas la oportunidad de compartir esas fotos con amigos y familiares en las redes sociales. Es divertido vernos cuando éramos más jóvenes.

Sin embargo, ¿cómo sería tu vida si hubieras permanecido en esa edad para siempre? Si nunca hubieras aprendido a comer o a vestirte solo o a tomar tus propias decisiones. Estoy seguro de que la mayoría de nosotros fue un bebé y un pequeño niño muy bonito, pero también estoy seguro de que no hubiéramos querido quedarnos en esa edad. Eso se debe a que aunque ser un bebé es una parte normal y necesaria de la vida, no es el objetivo. La meta de cada persona es crecer y madurar hasta convertirse en un adulto que trabaje y contribuya.

¿Puedes imaginar un país compuesto solo por bebés y niños pequeños? Ese país no duraría mucho. Tampoco tendría una gran economía.

Ahora bien, ¿puedes imaginar el cuerpo de Cristo compuesto solo por bebés y niños pequeños espirituales? Insisto en que no se trata de una situación agradable. Dios no está satisfecho solo con que sus hijos hayan nacido de nuevo en el Espíritu. No se contenta solo con que aceptemos a Jesucristo como el que llevó nuestro pecado. Desea ver a sus creyentes bebés crecer y convertirse en seguidores maduros que puedan representar a su Rey y ejercer la autoridad del reino. Este proceso de pasar de la infancia a la madurez espiritual se llama discipulado. El objetivo es que una vez que seas espiritualmente maduro, discipules a otra persona para que ella también crezca en su fe. El autor del libro de Hebreos pasó un tiempo considerable hablando con los cristianos de su época sobre este tema. Algunos de los creyentes a quienes estaba escribiendo, hacía treinta años que eran salvos. Sin embargo, a pesar de todo ese tiempo, no eran espiritualmente maduros. Todavía necesitaban alimentarse de la leche de la verdad en vez de practicar y digerir alimento sólido. Por eso el escritor los retó, los corrigió y prácticamente les insistió en que comenzaran a progresar en su desarrollo espiritual. Los instó y los exhortó a través de este libro a convertirse en discípulos del reino.

El autor de Hebreos introduce el concepto del crecimiento espiritual de esta manera:

> Acerca de esto tenemos mucho que decir, y difícil de explicar, por cuanto os habéis hecho tardos para oír. Porque debiendo ser ya maestros, después de tanto tiempo, tenéis necesidad de que se os vuelva a enseñar cuáles son los primeros rudimentos de las palabras de Dios; y habéis llegado a ser tales que tenéis necesidad de leche, y no de alimento sólido. Y todo aquel que participa de la leche es inexperto en la palabra de justicia, porque es niño; pero el alimento sólido es para los que han alcanzado madurez, para los que por el uso tienen los sentidos ejercitados en el discernimiento del bien y del mal (He. 5:11-14).

Aquí usó específicamente la palabra "madurez", que es una palabra que significa haber llegado a una etapa de responsabilidad en la vida. Normalmente, vinculamos el término "responsabilidad" con "madurez". No siempre define el estado de una edad. Después de todo, quizás hayas dicho o escuchado a alguien decirle a un adulto: "Es hora de que crezcas". Ahora bien, esta persona puede tener unos treinta años, cuarenta años o incluso más. Sin embargo, el comentario de "crecer" no se refiere a crecer en edad, sino en madurez, porque no se está comportando de manera responsable y sabia. En los años de consejería que llevo, he escuchado esta frase mucho más de lo que me hubiera gustado.

La madurez no tiene nada que ver con la cantidad de cumpleaños que ha tenido una persona; sino con su mentalidad y sabiduría. La madurez se demuestra en el dominio propio y la responsabilidad. De manera similar, la madurez espiritual no llega automáticamente a la vida de un creyente porque asiste a la iglesia hace determinada cantidad de años. O porque dedicó tiempo al estudio bíblico, los grupos pequeños o incluso a sus propios devocionales privados. La madurez espiritual tiene que ver con un cristiano que constantemente actúa bajo la autoridad de Dios en cada área de su vida. La persona toma cada decisión con la perspectiva del reino en lugar de una perspectiva mundana o incluso personal. Y es capaz de ser constante en tomar decisiones espirituales.

Aunque nadie es un cristiano perfecto, la madurez como discípulo del reino se refiere a la constancia. Significa que actúas constantemente basado en la guía de Dios y apelas a su sabiduría espiritual en todo lo que haces. Ahora bien, ten en cuenta que esta no es nuestra forma natural de pensar o de vivir. No nos fluye fácil ni orgánicamente vivir con "la mente del Señor"

(1 Co. 2:16). Al igual que no se puede esperar que un bebé explique sus decisiones, un discípulo debe adoptar una mentalidad de reino: una perspectiva centrada en Cristo.

Eres un discípulo maduro cuando puedes practicar de manera constante la verdad divina en tus decisiones cotidianas. La madurez espiritual no tiene nada que ver con la cantidad de tiempo que hace que eres salvo; sino con cuánto has avanzado después de ser salvo. Dios tiene demasiados infantes de treinta años en su iglesia. Y tú sabes cuánto tiempo, esfuerzo y apoyo adicional requiere un adulto que no puede cuidar de sí mismo estrictamente desde el punto de vista físico. Esto también se traslada a la iglesia local. Gran parte del desastre que vemos —los incendios que tenemos que apagar en nuestras iglesias y los dolores que experimentamos— se deben simplemente a la superabundancia de creyentes anémicos en su vida espiritual.

La velocidad del crecimiento

Cuando Pablo escribió a los creyentes en Corinto, los reprendió por su falta de madurez espiritual. Hacía cinco años que estas personas eran salvas, pero todavía actuaban, pensaban y hablaban como infantes espirituales. Leemos sus palabras de reprensión en 1 Corintios 3:1-3:

> De manera que yo, hermanos, no pude hablaros como a espirituales, sino como a carnales, como a niños en Cristo. Os di a beber leche, y no vianda; porque aún no erais capaces, ni sois capaces todavía, porque aún sois carnales; pues habiendo entre vosotros celos, contiendas y disensiones, ¿no sois carnales, y andáis como hombres?

Pablo visitó por primera vez Corinto en el año 50 d.C. Fue entonces cuando plantó la iglesia. Podríamos llamarla Comunidad Bíblica de Corinto. Sin embargo, Pablo escribió la carta, ahora conocida como 1 Corintios, en el año 55 d.C., cinco años después. En esos cinco años, Pablo esperaba que estos creyentes llegaran a ser discípulos maduros. En cambio, vio que actuaban al nivel del pensamiento humano secular; no los vio fluir a un nivel espiritual.

Si bien este parámetro de cinco años se aplica a la iglesia de Corinto, sabemos que es posible incluso madurar espiritualmente más rápido que eso. De hecho, el mismo Pablo maduró antes. Sin embargo, este parámetro indica que indudablemente no debería tomar más de cinco años.

Entonces, ¿qué se puede decir de los creyentes de hoy que han sido miembros de la iglesia durante décadas, y siguen actuando según la mentalidad de la carne, no según el gobierno de Dios sobre sus vidas? Estos son cristianos, pero no son discípulos del reino. Y la decepción de Pablo es solo una fracción de lo que nuestro Señor debe sentir cuando ve que sus hijos no progresan en su crecimiento espiritual.

> *Los creyentes que siguen actuando según la mentalidad de la carne son cristianos, pero no son discípulos del reino.*

Ya sabes lo orgullosos que están los padres cuando ven el crecimiento físico de sus hijos. De hecho, muchos padres incluso marcan ese crecimiento en la pared interior de un armario o en el marco de una puerta. Quizás más agradable es cuando su hijo o su hija crecen en sabiduría y en la capacidad de tomar decisiones correctas. ¿Cómo debe sentirse Dios año tras año cuando observa el comportamiento y las decisiones de sus hijos y ve que permanecen estancados en su crecimiento o, peor aún, que incluso han reincidido en malos hábitos?

Todos sabemos que la velocidad a la que se mueve un objeto determina su llegada. Si tuviera que salir de la iglesia que pastoreo e ir caminando al centro de Dallas, llegaría más tarde que si fuera conduciendo mi auto. De manera similar, nuestro desarrollo cristiano hasta ser un discípulo maduro se ve afectado por la velocidad con la que nos movemos hacia ese crecimiento.

Si un creyente decide crecer solo con asistir a la iglesia, y otro agrega un momento devocional de veinte minutos, esas decisiones afectarán la velocidad de crecimiento de cada uno. Si un tercer creyente estudia enérgicamente la Palabra de Dios, ya sea de manera formal en un seminario bíblico o de manera informal a través de la gran cantidad de materiales y cursos de discipulado disponibles actualmente en línea, así como por medio de lecturas adicionales, lo más probable es que esa persona crezca más rápido que las otras dos.

Si una cuarta persona no solo estudia enérgicamente, sino que también busca practicar cada vez más los principios del estudio, crecerá aún más rápido. Y así como una leña en una chimenea arde más y da más fuego cuando está junto a otras leñas, una persona que estudia, practica y se une a creyentes de un mismo sentir para dialogar y exhortarse progresará aún más rápido en su crecimiento espiritual.

La velocidad con la que te mueves en un período de tiempo determina la distancia que cubres. Esto no solo sucede en el movimiento físico; sino también en el movimiento espiritual.

Entonces, ¿por qué los miembros de la Comunidad Bíblica de Corinto no progresaban en su proceso del discipulado? Porque no estaban dispuestos a escuchar y poner en práctica los principios de la Palabra de Dios. El escritor de Hebreos nos da una idea de esta realidad cuando leemos en Hebreos 5:11: "Acerca de esto tenemos mucho que decir, y difícil de explicar, por cuanto os habéis hecho tardos para oír". Al igual que los destinatarios de esta carta, los creyentes corintios habían sido "tardos para oír". La palabra "tardo" significa ser haragán o perezoso. También puede significar avanzar con esfuerzo hasta el punto de rendirse. Lo que se deduce de esto es que la razón de la falta de desarrollo y crecimiento espiritual se debía a que los creyentes eran perezosos.

Tal realidad me hace suspirar. Suspiro porque hay mucho que ganar en la vida y la eternidad cuando vivimos como discípulos maduros del reino. Sin embargo, debido a que las personas no siempre identifican estas ganancias, a menudo se cuela la pereza. Es como los aspirantes a hacer ejercicio, que ven los beneficios visibles que reciben sus amigos al ejercitarse, pero son demasiado perezosos para hacer ejercicio.

> *Hay mucho que ganar en la vida y la eternidad cuando vivimos como discípulos maduros del reino.*

Una de mis mayores cargas como pastor radica en esta área del discipulado. Es la pasión de mi vida estudiar y enseñar la Palabra de Dios; pero, con más frecuencia de lo que me gustaría admitir, cuando llega el martes y me encuentro con un miembro de la iglesia, éste ni siquiera recuerda el tema del mensaje del domingo. He visto a muchos que se van del servicio dominical, pero son "tardos para oír" (He. 5:11); es decir, que son demasiado perezosos para volver a estudiar la enseñanza del sermón, profundizar más en su propia vida, poner en práctica los principios y cumplir con la difícil tarea del ejercicio espiritual. Llegar a ser un discípulo del reino no es automático.

Cualquier cosa que logremos en la vida es porque invertimos en ello. Si te graduaste de la escuela secundaria o de la universidad, fue porque asististe, cumpliste con las tareas, pagaste la matrícula y progresaste en tu desarrollo. Invertiste. Lo mismo sucede en tu carrera laboral. Si has ascendido en el escalafón laboral, no es porque te hayas quedado pasivo y seas holgazán. Las cosas que suceden en la vida en las cuales progresas y te desarrollas ocurren porque hay una inversión: una inversión de tiempo, energía, pensamiento, dinero, acciones, y mucho más.

Durante varios años fui capellán de la Liga Nacional de Fútbol Americano. Puedo garantizar que ni un solo jugador de los equipos de fútbol que estuvieron bajo mi capellanía estuvo allí porque era perezoso. Incluso si un jugador hubiera entrenado constantemente y desarrollado una gran fuerza muscular, pero se hubiera negado a poner en práctica lo que escuchó de su entrenador sobre cómo usar sus habilidades, no habría permanecido en el equipo. Se requería una cantidad significativa de inversión y sacrificio personal —incluso dolor—, para que los jugadores de la NFL jugaran en ese nivel.

Demasiados creyentes de hoy quieren los milagros, las bendiciones y el poder del cristianismo, pero no están dispuestos a invertir en ello para crecer y madurar. En otras palabras, quieren las ventajas y los beneficios que conlleva jugar en la NFL sin el esfuerzo y la dedicación necesarios para llegar a ese nivel.

Hace algunos años visité las oficinas de la NFL en la ciudad de Nueva York para una reunión sobre algunos materiales de mentores que habíamos creado con el fin de que los entrenadores usen con los atletas. Mientras esperaba a que comenzara la reunión, el comisionado de la NFL, Roger Goodell, pasó junto a su equipo de seguridad. Me miró e intercambiamos un breve saludo. Mientras continuaba caminando, noté que tenía un aire de firme resolución. Avanzó a paso firme con expresión seria. Mientras lo veía dirigirse a los ascensores, posiblemente a su oficina, comprendí cuánto peso debía haber sobre ese hombre. Después de todo, lo que la NFL ha logrado es nada menos que asombroso. Mantener y hacer crecer ese logro es, sin duda, una pesada carga.

A pesar de su inicio muy difícil —cuando las estaciones ni siquiera transmitían un partido— a lo largo de los años, la NFL ha hecho un trabajo extraordinario desde el punto de vista empresarial al superar el béisbol como el pasatiempo de los Estados Unidos. El fútbol americano profesional también ha eclipsado al basquetbol profesional. Hoy día, el fútbol americano profesional tiene los precios de publicidad más altos que cualquier deporte. El Súper Tazón de 2017 tuvo más de 111 millones de espectadores, por lo que es el tercer espectáculo deportivo más visto en la historia de la televisión.

¿Este crecimiento se produjo por casualidad? En absoluto. Así como los atletas profesionales deben ejercitarse enérgicamente para que su cuerpo rinda al máximo nivel en el partido, los administradores de la NFL (incluido Goodell), los especialistas en mercadotecnia y el personal de relaciones públicas han pasado años maquillando la imagen de este deporte y comprometiendo a los fanáticos seguidores para alcanzar su predominio.

El éxito no es el resultado de la suerte o el azar. El éxito siempre llega por medio de sudor, esfuerzo, habilidad y diligencia. De manera similar, el éxito en nuestra vida espiritual no sucederá por ósmosis, porque asistimos a un servicio de vez en cuando o porque tenemos una Biblia en nuestra mesita de luz y leemos un versículo al día para mantener alejado al diablo. El crecimiento espiritual, el éxito y el dominio sobre los enemigos del mundo, la carne y el demonio solo se lograrán a través de la dedicación, el esfuerzo, el sacrificio, la sabiduría y la práctica. La madurez espiritual como un discípulo del reino requiere nada menos que tu total dedicación hacia el objetivo final.

Dios no abrirá la Biblia para que la leas, te empujará de rodillas y tocará un cuerno de corneta cuando tenga algo que decirte. Él no hará que lo obedezcas y apliques la verdad espiritual a las decisiones de tu vida. El crecimiento espiritual, la madurez y el desarrollo dependen de ti. ¿Cuánto *lo deseas*? La respuesta a esa pregunta determinará tu velocidad de crecimiento, porque la respuesta a esa pregunta determinará el esfuerzo que estás dispuesto a poner en ello.

Cuando los empleadores entrevistan a empleados potenciales, miran su currículum, su habilidad y sus antecedentes. Sin embargo, un buen entrevistador también tratará de discernir cuánto desea triunfar la persona que solicita el empleo. Ahora bien, no dije cuánto desea el trabajo. No lo dije, porque la motivación por conseguir el empleo podría terminar cuando lo consiga. Querrá saber cuánto desea esa persona tener éxito en el trabajo, porque a menudo eso predice el esfuerzo y el éxito.

Amigo, ¿cuánto deseas ser un discípulo vivo y comprometido con el reino? Solo tú puedes determinar la cantidad de esfuerzo y compromiso que estás dispuesto a dedicar a tu crecimiento personal. Nadie más te va a hacer crecer.

Leche espiritual comparada al alimento sólido espiritual

La madurez se alcanza cuando pasas de la "leche" al "alimento sólido". Las razones por las que un bebé no puede digerir un bistec son varias, pero la razón principal es que un bebé no tiene dientes para masticar ni un sistema digestivo capaz de transformar y absorber bien la carne. Un cristiano recién convertido necesita la leche de la Palabra de Dios por un tiempo. Ningún creyente pasa del nacimiento a la madurez de la noche a la mañana. Sin embargo, cualquiera que haya sido cristiano durante un tiempo prolongado y que todavía se alimente de leche ha permanecido así debido a su falta de esfuerzo para crecer.

Entonces, surge una pregunta: ¿qué es la leche y qué es el alimento sólido? Mucha gente piensa que el alimento sólido es la acumulación de conocimiento bíblico y la leche es la falta de estudio bíblico profundo; pero no es así. Una persona puede estar llena de conocimiento de la Biblia y aun así ser un bebé cristiano. El alimento sólido se refiere a la capacidad de transferir lo que ha aprendido al proceso de tomar decisiones en la vida; de modo que esa persona opera con una perspectiva espiritual y no terrenal. Si esa transferencia en la aplicación de la verdad no ha tenido lugar en su vida, entonces la persona sigue siendo un bebé cristiano.

Como un bebé con hambre que no puede masticar alimento sólido, una persona que espera aprender a transferir la verdad de la Palabra de Dios a sus decisiones en la vida diaria debe aprender a masticar (meditar y practicar) los principios bíblicos. Debe digerir la Palabra para ponerla en práctica. Tener una tonelada de alimento sólido en una tonelada de platos frente a alguien no servirá para alimentar la vida de esa persona. Solo cuando se digiere y se pone en práctica el alimento sólido, se descubre el valor de ese alimento. Sin embargo, como vimos al principio de este capítulo, muchos cristianos tienen "necesidad de leche, y no de alimento sólido" (He. 5:12).

Cuando un creyente solo puede beber leche, puede digerir los principios básicos, pero no "la palabra de justicia" (v. 13).

Es como cuando un estudiante comienza la escuela, tiene que empezar con lo básico. Los llamamos los fundamentos. Primero es el ABC y luego la fonética hasta que pueda leer y comprender realmente un texto. Un estudiante no puede pasar a los libros si aún no conoce el alfabeto. No puede pasar al álgebra si aún no sabe sumar. Sin la base, no hay lugar para un aprendizaje avanzado.

Por eso ciertas clases de la escuela secundaria y la universidad tienen requisitos previos. Se deben cumplir los "requisitos previos" o aprobar las clases fundamentales para pasar a las clases avanzadas. Esto se debe a que todos los maestros saben que el avance en el aprendizaje ocurre progresivamente, al igual que el discipulado y el crecimiento espiritual.

Los principios elementales de la Palabra de Dios son esenciales, pero no son el fin. Deben servir como un punto de partida para el progreso hacia la comprensión y el conocimiento espiritual, con el fin de que incluso tus propios sentidos puedan "discernir el bien y el mal". Y tus decisiones reflejen ese discernimiento. Cuando los principios verdaderos de las Escrituras son el fundamento de nuestras decisiones, entonces estamos viviendo en el espíritu.

El crecimiento se mide en la práctica de la Palabra. Si no se manifiesta en tus palabras, tus pensamientos y tus decisiones, entonces no has crecido.

Sin embargo, hay una gran diferencia entre estar en una clase y obtener una comprensión cognitiva de una actitud ante la vida, y estar realmente en el vecindario y el lugar de trabajo donde hay preguntas, retos, persecución y oportunidades para practicar tu fe ante los demás.

No importa cuántas veces digas "amén" en la iglesia si lo que aprendes no se manifiesta en tus decisiones y circunstancias de la vida real. Un verdadero discípulo del reino pone en práctica el conocimiento y la comprensión de la Palabra de Dios en cada una de las decisiones que debe tomar y en todo lo que habla. Tiene que aparecer en el campo de la vida; solo entonces se convierte en alimento sólido. Hebreos 5 dice que a medida que maduras en el discipulado, tus sentidos pueden discernir los pensamientos, las palabras y las acciones correctas e incorrectas. Entonces comienzas a actuar con una perspectiva celestial y no terrenal.

El crecimiento se mide en la práctica de la Palabra. Si no se manifiesta en tus palabras, tus pensamientos y tus decisiones, entonces no has crecido. Solo has observado como un hincha en lugar de ser un jugador real. La capacidad de practicar la Palabra de Dios en cada área de la vida produce crecimiento y madurez.

La madurez espiritual exige responsabilidad espiritual. El alimento sólido es para los maduros, para aquellos que se toman en serio el crecimiento.

Y la prueba de esta madurez es el discernimiento. En el ámbito espiritual, tus sentidos están diseñados para que puedas ver las cosas con la perspectiva de Dios. Lo que hace el discipulado es "ejercitar" tus sentidos espirituales para saber discernir.

La palabra griega usada para "ejercitados" en el versículo 14 tiene la misma raíz de nuestra palabra castellana "gimnasio". Es el mismo término que significa hacer ejercicio. Entonces a través del discipulado, Dios está llevando tus sentidos al gimnasio para que puedan ser más sensibles a discernir entre la perspectiva divina y la perspectiva humana. Cuando puedes discernir sabiamente, puedes decidir sabiamente.

Si colocas una canica de mármol brillante al lado de un niño pequeño y también colocas un diamante junto a él, es probable que el niño pequeño se sienta atraído al mármol brillante. ¿Por qué? Porque los sentidos del niño no están ejercitados para discernir entre lo llamativo y lo valioso. Sin embargo, si colocas a un adulto al lado de ambos objetos, el adulto tomará el diamante porque conoce el valor del artículo, aunque parezca menos llamativo y menos vistoso a simple vista.

Discernir la vida de manera espiritual implica más que ver las cosas a simple vista. De esa forma, adquieres la capacidad de discernir el verdadero valor de las cosas. Eres menos propenso a dejarte engañar por las tentaciones llamativas y vistosas de Satanás o de personas locuaces. Más bien, disciernes con sabiduría quién, qué, dónde es más valioso para tu vida eterna.

El discipulado del reino te da la capacidad de ver más allá de lo obvio y conocer la perspectiva de Dios sobre un asunto. Recuerda que si lo único que ves es lo que se ve a simple vista, entonces no ves todo lo que hay para ver. La madurez espiritual te da la capacidad de ver más allá de lo tangible, a la realidad intangible del reino espiritual y la verdad, con el beneficio de que puedes experimentar la autoridad del cielo en la tierra.

No solo discernirás la verdad para tu propia vida, sino que como un discípulo maduro del reino también enseñarás a otros. La marca de un verdadero discípulo se ve en su calidad de mentor, ejemplo, guía y ayuda para que otros también alcancen un mayor nivel de madurez espiritual. A medida que progreses en tu madurez espiritual, también ayudarás de modo natural a otros a progresar. Por lo tanto, te convertirás en un ejemplo viviente de la comisión de Cristo de ir, bautizar y enseñar a otros.

¿Quiere decir que te convertirás en un ministro a tiempo completo? No, no necesariamente; sino que a medida que avances en tu vida diaria, guiarás naturalmente a los demás hacia una relación más profunda con Cristo y una mayor comprensión de su Palabra. No solo serás un discípulo del reino, sino que te convertirás en un hacedor de discípulos del reino.

Capítulo 8

Un incentivo celestial

La iglesia donde he servido con gratitud como pastor durante más de cuarenta años ahora tiene más de doscientos empleados. Son muchos empleados para una iglesia, pero nos concentramos tanto en la influencia y el alcance de la comunidad que gran parte de nuestro personal está dedicado a esa rama del ministerio. Todos los años llevamos a cabo lo que llamamos "evaluaciones de rendimiento".

En tales evaluaciones de rendimiento se analiza cómo trabajó el empleado durante el año anterior. Esta revisión sirve para varias cosas, entre ellas, un posible aumento de sueldo, bonificaciones adicionales e incluso saber si se debería poner al empleado en un período de prueba o despedirlo. Cada empleado es consciente de este proceso y, si bien espero que desempeñen sus tareas como para el Señor y con bondad pura de corazón, estoy seguro de que esta revisión está siempre presente en sus mentes.

Las recompensas son importantes y nos brindan un factor de motivación adicional para cumplir con excelencia todo lo que hacemos. Se espera que un trabajo excelente traiga consigo una recompensa y un beneficio conforme a lo que se haya hecho.

Amigo, tal vez Dios no haga una "evaluación de rendimiento" formal cada año. Sin embargo, su Hijo dice que Él poda las viñas que producen fruto y corta por completo las que no producen nada (Jn. 15:1-6). Una mirada a la naturaleza y su asombrosa habilidad para producir, reproducirse y valerse por sí misma te dará una idea del corazón y el carácter de Dios. Él se interesa en el crecimiento, el desarrollo y la producción como lo hace cualquier propietario. "De Jehová es la tierra y su plenitud; el mundo, y los que en él habitan" (Sal. 24:1). A Él le importa lo que le ocurre a su creación y a aquellos que ama y ha colocado en la tierra.

El rédito de tu inversión

Tus decisiones como un discípulo del reino son una inversión no solo en recompensas para este tiempo presente, sino también en recompensas eternas. Hay un rédito de tu inversión por todo lo que haces para el Rey y su reino.

Jesús expone esto en varios pasajes de las Escrituras, pero hay una conversación particular con sus discípulos que arroja una luz muy esclarecedora sobre el tema. Se encuentra en tres de los Evangelios, pero nos centraremos en el relato de Marcos (10:17-31). La conversación es posterior a un encuentro que tuvo Cristo con un hombre, que conocemos como el "joven rico". Este exitoso líder le comentó a Cristo que había sido un hombre muy bueno. Según él, cumplía fielmente todas las leyes desde su infancia. Sin embargo, Jesús lo retó de una manera que puso a prueba su lealtad. Le dijo que si realmente amaba a los demás, debía vender todo lo que poseía y darlo a los pobres. Entonces podría ir y pasar el resto de su vida como un discípulo de Cristo.

El joven rico se resistió a cumplir con el nivel de compromiso que Jesús le pidió. Estaba más apegado a sus bienes materiales que a su ganancia espiritual, de modo que se negó y se fue de la presencia de Cristo triste y afligido. La Biblia dice que se fue de esa manera porque "tenía muchas posesiones" (v. 22).

Los discípulos observaron todo, y eso despertó una pregunta y un pensamiento en sus propias mentes. Después que el joven se alejó, Pedro dijo con intrepidez: "He aquí, nosotros lo hemos dejado todo, y te hemos seguido" (v. 28). Tal vez, en ese momento, quería recibir elogios o simplemente algún reconocimiento.

Pedro venía de una próspera empresa de pesca. Ganaba dinero y disfrutaba de amigos y familiares; pero cuando apareció Jesús, guardó sus redes, dejó su empresa y lo siguió. Otro discípulo, Mateo, dejó su negocio de recaudación de impuestos. Y un negocio como tal era rentable en cualquier época. Sin embargo, lo dejó todo para seguir a Jesús. Estos discípulos habían mostrado una lealtad pública a Jesucristo cuando aún no lo conocían como el Salvador que es. Arriesgaron todo por un hombre en el que decidieron creer cuando pocos lo hacían. Si estudias la historia de la Iglesia, sabrás que estos discípulos no solo lo dejaron todo para seguir a Cristo, sino que a la mayoría de ellos le costó todo: su propia vida por su lealtad pública a Jesucristo.

Pedro quería saber qué obtendrían por haberlo dejado todo. En definitiva, Jesús acababa de decirle al joven rico que vendiera todas sus posesiones y las diera a los pobres. Y no solo eso, sino que también que tendría un tesoro. Un tesoro en el cielo. De modo que Pedro quería saber cuál era su propio tesoro.

No tiene nada de malo hacer esa pregunta. Si eres una persona de negocios, sabes que siempre buscas obtener un rédito por tu inversión. Si eres un estudiante en la universidad, querrás un trabajo bien pagado por tu trabajo y el costo de tu título. Cuando compras algo en la tienda, pagas un precio pero esperas una recompensa: el artículo que adquiriste. Pedro y los otros discípulos habían pagado un costo. Ahora simplemente querían saber cuál era la recompensa que recibirían por ser discípulos del reino.

Jesús respondió a Pedro de manera directa. No se lo dijo en una parábola. No cambió de tema. No lo reprendió por falta de fe. No, en esta ocasión, Jesús respondió al corazón de aquellos que lo habían dejado todo para seguirlo, y lo hizo de manera muy clara:

> De cierto os digo que no hay ninguno que haya dejado casa, o hermanos, o hermanas, o padre, o madre, o mujer, o hijos, o tierras, por causa de mí y del evangelio, que no reciba cien veces más ahora en este tiempo; casas, hermanos, hermanas, madres, hijos, y tierras, con persecuciones; y en el siglo venidero la vida eterna. Pero muchos primeros serán postreros, y los postreros, primeros (vv. 29-31).

Esta es una de las ocasiones en que Jesús habla directamente sobre el tema de las recompensas. No solo escuchó las palabras de Pedro, sino que también percibió lo que había en el corazón de todos los discípulos que probablemente estaban allí sentados y se preguntaban si, después de todo, la decisión de haberse sacrificado había sido tan sabia. Es fácil saltar y comprometerse con algo en un momento de emoción. Mucha gente lo ha hecho, pero ahora los discípulos estaban hundidos hasta las rodillas en el sacrificio, la incertidumbre, el rechazo, el ridículo y la pérdida de las comodidades de la familia y los amigos. Jesús les aseguró que sabía que estaban pagando un precio por su lealtad pública a Él. Y les aseguró que el costo que estaban pagando les redituaría un beneficio tan alto, que jamás habían imaginado.

Mateo y Lucas también registran esta conversación. En Lucas, está escrito que Jesús se refirió específicamente a aquellos que dejaron todo "por el reino de Dios" (Lc. 18:28-30). Estos fueron verdaderos discípulos del reino que no habían rechazado el gobierno de Dios sobre cada área de sus vidas. Como recordatorio, un discípulo del reino es una persona que aprende progresivamente a poner su vida entera bajo el señorío de Jesucristo. Y cuando vives como un discípulo del reino, Jesús dice que puedes esperar recibir una recompensa, que es incluso cien veces más que aquello que sacrificaste. Lo que es más, Jesús también dice que las cosas que has dejado —casa, tierra, familia— son las cosas que se te devolverán, y además recibirás la vida eterna.

> *Jesús les aseguró que el costo que estaban pagando les redituaría un beneficio tan alto, que jamás habían imaginado.*

Lo irónico es que lo mismo que crees que perdiste cuando te convertiste en un discípulo de Cristo no solo se te devolverá, sino que lo recibirás multiplicado. Sin embargo, lo que confunde a la mayoría de la gente es la incertidumbre de cuándo recibirá ese rédito de su inversión. Si tú y yo supiéramos que después de tres meses recibiremos nuestra recompensa, probablemente nos sacrificaríamos con todo gusto. Sin embargo, en el ámbito espiritual, tu recompensa podría llevar meses, años, décadas o incluso esperar hasta estar en la eternidad con Él. Debido a esta incertidumbre con respecto al tiempo, demasiadas personas no están dispuestas a pagar el costo del verdadero discipulado. Vivir como un discípulo significa vivir completamente por la fe de que el Cristo que sigues cumplirá su Palabra.

Cuando era joven, tuve una vislumbre de la recompensa de Dios por nuestro compromiso con Él como discípulos. Mientras estaba en el seminario, trabajaba en la estación de autobuses

Trailways en el turno de la noche. Lo denominaban el turno del hombre muerto, porque duraba toda la noche. Después de algunas semanas en el trabajo, me informaron sobre un plan secreto que los empleados tenían en funcionamiento. Alguien fichaba el ingreso de un compañero, que aún no había llegado, para que pudiera dormir una hora más de lo que el descanso normal permitía. Con ese plan, los empleados recibían el pago aunque no habían estado trabajando. De hecho, les pagaban por dormir. Estaba mal. Sabía que estaba mal y había decidido que no participaría.

Entonces, cuando me pidieron que fichara el ingreso y egreso de un compañero, me negué a hacerlo. Les dije que, como cristiano, no podía hacer lo que me estaban pidiendo.

Su respuesta fue bastante clara: "No tienes opción, Evans. Todos lo hacen".

A lo que cortésmente les respondí que no podía hacerlo, que debido a mi fe no participaría en esa estafa. Como te imaginarás, al resto de los empleados no les gustó mi respuesta y comenzaron a "perseguirme" por no participar. Recuerda que cuando Jesús les habló a los discípulos, dijo que las recompensas vienen "con persecuciones", que es exactamente lo que yo estaba enfrentando. De modo que cuando cinco de nosotros debíamos estar descargando un autobús, los otros cuatro se sentaban y me miraban hacerlo solo. Y después de que me miraban, me dejaban de lado y no me hablaban. Experimenté situaciones como esas durante todo un mes por el solo hecho de no estar de acuerdo con ese engaño.

Una noche, alrededor de tres meses después de conocer la estafa, recibí una llamada para ir a la oficina donde me dijeron que sospechaban lo que estaba sucediendo durante el turno de la noche. Habían enviado a uno de los supervisores una noche para verificarlo.

El supervisor notó que la mayoría de los empleados participaba en la estafa, pero yo no. Como consecuencia, me promovieron y me pusieron sobre todos los demás como el supervisor del turno de la noche.

Lejos estaba de mí saber que Dios me había estado preparando para esa recompensa que ayudaría económicamente a nuestra familia mientras estaba en el seminario. El Señor recompensó mi compromiso público con Él. No solo recibí mi recompensa con persecución en este tiempo presente, sino que sé que también recibiré mi recompensa eterna. Dios también recompensará tu compromiso con Él. Ese es uno de los mayores beneficios de ser un discípulo del reino. La recompensa quizás no llegue inmediatamente, pero llegará.

Dios también recompensará tu compromiso con Él. La recompensa quizás no llegue inmediatamente, pero llegará.

Lo que Jesús estaba diciendo a sus discípulos en la conversación que hemos analizado en este capítulo es que "sí, habrá pérdida, inconveniencia e incluso persecución si te identificas públicamente conmigo y con mis valores; pero quiero que sepas que nadie perderá nada como resultado de ser mi discípulo, que no vuelva a recibirlo en algún momento futuro, incluso multiplicado". Amigo, hay recompensas por el discipulado. Puede que no sean inmediatas, pero son inmensas. Lo que es más: serán públicas.

Ahorros para la eternidad

Así como Jesucristo te exige una identificación pública con Él cuando eres un discípulo, Él también te recompensará públicamente en la eternidad. Echemos un vistazo a esta verdad en la parábola que se encuentra en Lucas 19:11-26. Un hombre noble les dio a diez de sus siervos la misma cantidad de dinero para realizar negocios en su nombre mientras él estaba lejos "para recibir un reino" (v. 12). Cuando el noble regresó "después de recibir el reino, mandó llamar ante él a aquellos siervos a los cuales había dado el dinero, para saber lo que había negociado cada uno".

En la parábola, el regreso del noble se refiere a la segunda venida de Cristo, cuando llamará a los suyos a dar cuenta de cómo le sirvieron como discípulos del reino. Entonces, la pregunta será: "¿Cómo se benefició mi reino con lo que te di?".

Ahora bien, muchos de nosotros podremos mostrar cómo nos hemos beneficiado con los dones de Dios, pero eso no es lo que está en cuestión. La pregunta al discípulo es: ¿cómo le fue al negocio del Rey bajo tu administración? ¿Se benefició el Rey? ¿Sus intereses se multiplicaron?

La Biblia llama a este día de evaluación para los discípulos del reino "el tribunal de Cristo", que se describe en dos pasajes importantes. El primero está en 1 Corintios 3. Quiero citarlo en su totalidad porque es muy importante:

> Conforme a la gracia de Dios que me ha sido dada, yo como perito arquitecto puse el fundamento, y otro edifica encima; pero cada uno mire cómo sobreedifica. Porque nadie puede poner otro fundamento que el que está puesto, el cual es Jesucristo. Y si sobre este fundamento alguno edificare oro, plata, piedras preciosas, madera, heno, hojarasca, la obra de cada uno se hará manifiesta; porque el día la declarará, pues por el fuego será revelada; y la obra de cada uno cuál sea, el fuego la probará. Si permaneciere la obra de alguno que sobreedificó, recibirá recompensa. Si la obra de alguno se quemare, él

sufrirá pérdida, si bien él mismo será salvo, aunque así como por fuego (vv. 10-15).

Debemos tener cuidado con qué tipo de edificio construimos sobre el fundamento que Dios nos da. Expresado de otra manera, debemos estar atentos a nuestras decisiones en la vida. La razón es que nuestra devoción y nuestras obras un día se probarán y tendrán que resistir el fuego del juicio de Cristo "ese día".

La referencia de Pablo es al día cuando Cristo juzgará a su pueblo, no para salvación sino para recibir sus recompensas, en función de su trabajo como discípulos. Ese día se describe en 2 Corintios 5:10-11a: "Porque es necesario que todos nosotros comparezcamos ante el tribunal de Cristo, para que cada uno reciba según lo que haya hecho mientras estaba en el cuerpo, sea bueno o sea malo. Conociendo, pues, el temor del Señor, persuadimos a los hombres".

Hebreos 10:30 declara que "el Señor juzgará a su pueblo". En el día de la evaluación, el fuego de Jesucristo pondrá a prueba "la obra de cada uno cuál sea" (1 Co. 3:13).

¿Te gusta el trabajo negligente? A mí tampoco. No conozco demasiadas madres que estén satisfechas cuando sus hijos lavan los platos o limpian su habitación con negligencia y poco entusiasmo. Indudablemente, tu jefe no quiere un trabajo negligente. No es aceptable que un asistente administrativo le diga a su jefe: "¿Y qué, si su carta está llena de errores y palabras mal escritas? Al menos la redacté". No, eso no es profesional ni admisible.

Dios también quiere que sus discípulos hagan un trabajo de calidad. En su tribunal, Jesucristo va a evaluar cuán bien hemos usado nuestro tiempo y nuestros talentos y tesoros para Él, ya sea que los hayamos usado para hacer un trabajo de calidad o lo hayamos hecho a la ligera. Entonces, la pregunta es: ¿le estás devolviendo al reino de Dios un trabajo de calidad con el tiempo, los talentos y los tesoros que Él te ha dado? ¿O Dios está recibiendo tus sobras?

Pablo dijo que el tribunal de Cristo debería provocarnos un temor o respeto reverencial, porque será un juicio serio. La razón es que cuando se trata de algo costoso, quieres que se haga bien. Si es algo sin importancia, no le pones mucho cuidado; pero si estás construyendo una casa costosa y los ladrillos no están bien colocados, harás que los corrijan.

Fíjate cuando parece que alguien te va a abollar la puerta de tu costoso automóvil cómo te enojas. Ni siquiera lo estacionas junto a otros autos donde te lo podrían tocar. Cuanto más te cuesta algo, con más seriedad lo tratas.

Dios pagó un alto precio por ti y por mí. Le costamos la vida de su Hijo. No solo eso, sino que nos ha confiado la mayordomía de su reino. Nos ha dado el privilegio de gobernar con Él en su reino.

¿Vamos a obviar eso y darle a Dios un trabajo negligente o el tiempo, los talentos y los tesoros que nos sobran? ¿Vamos a darle al distrito escolar nuestros mejores esfuerzos de enseñanza y luego el sábado por la noche improvisaremos algo para enseñar a los niños de la escuela dominical?

¿Vamos a gastar miles de dólares en nuestras casas, automóviles y ropa, y luego le daremos una pequeña propina a Dios? No, Dios dice que todo esto le costó demasiado para permitirnos hacer un trabajo de mala calidad. Nos va a evaluar. La Biblia dice que de todo el tiempo, los talentos y los tesoros que recibas, te asegures de darle a Dios su parte primero; porque si no lo haces, no tendrás recompensas más adelante. No te quedará ningún talento al final de tu vida. Asegúrate de prestar atención primero a Jesucristo, de tal manera que Él tenga "el primer lugar en todo" (Col. 1:18). Esa es la marca de un discípulo del reino.

Verdades de la historia del hombre noble

Volvamos a la historia del noble. Este hombre regresa a casa de su viaje y manda llamar a sus siervos para que le rindan cuentas de cómo usaron sus minas y defendieron sus intereses. El primer siervo viene y dice: "Señor, tu mina ha ganado diez minas" (Lc. 19:16). ¡Eso es un aumento del 1000%! Este siervo obviamente había invertido bien el dinero de su señor. Este siervo podría decirle: "Maestro, tomé lo que me diste y lo invertí, y lo hice con gusto. Mira lo que tengo para ti".

¿Qué le dice el señor —recuerda que representa a Cristo en esta parábola— a este hombre que utilizó tan bien lo que le había dado para el reino? Le da una recompensa triple. La primera recompensa es el reconocimiento público, el anuncio público del señor: "está bien, buen siervo" (v. 17). Cuando comparezcas ante el tribunal de Cristo, no habrá nada como escuchar a Jesús decir: "está bien, buen siervo". Lo dirá públicamente. Puede que tu presencia pase imperceptible en tu trabajo, pero si haces lo que Dios te ha llamado a hacer con fidelidad y constancia, Él te honrará delante de todo el cielo ese día.

La segunda recompensa que este fiel discípulo recibió fue una herencia del reino. El amo le dijo: "Por cuanto en lo poco has sido fiel, tendrás autoridad sobre diez ciudades" (v. 17).

La mayoría de las personas tiene una visión equivocada del reino eterno. No estaremos flotando en las nubes. El reino eterno será un gobierno que operará en perfecta justicia. Habrá personas en puestos de autoridad que fueron siervos fieles de Jesucristo en la tierra. Así como un buen trabajador recibe un ascenso, los discípulos fieles de Cristo obtendrán ascensos en el reino. Algunos administrarán diez ciudades.

Sin embargo, este fiel discípulo recibió una tercera recompensa. Fue una sorpresa, una bonificación. Lo encontrarás en el versículo 24. Recibió la mina que el señor le había dado originalmente al tercer siervo. Cuando Jesucristo venga, considerará a los que no fueron fieles y les arrebatará lo poco que hicieron.

Quizás pienses que eso no es justo, pero debemos recordar una cosa: Cristo se asegurará de que los recursos de su reino no se desperdicien. Si dejamos pasar la oportunidad de hacer algo para el reino, Cristo le dará la oportunidad a otra persona y nosotros la perderemos.

El segundo discípulo también presentó un buen informe, aunque no fue tan productivo como el primero. "Señor, tu mina ha producido cinco minas. Y también a éste dijo: Tú también sé sobre cinco ciudades" (vv. 18-19).

¿Notaste que este discípulo no recibió ningún reconocimiento público? Recibió sus cinco ciudades, pero no escuchó las palabras: "Está bien, buen siervo". Creo que la razón es que solo fue fiel a medias.

Luego está el tercer individuo. No me referiré a él como discípulo, porque sus acciones no lo revelan. Le trajo su mina y le dijo: "Señor, aquí está tu mina, la cual he tenido guardada en un pañuelo; porque tuve miedo de ti, por cuanto eres hombre severo" (vv. 20-21).

Básicamente, este hombre le dijo: "Señor, solo quiero que sepas que no perdí tu dinero. Lo guardé sano y salvo debajo de mi colchón. Tomé el tiempo, los talentos y los tesoros que me diste y los guardé, porque eres un señor estricto".

Este tipo lo estaba envolviendo con palabras para quedar bien con él. Este era su razonamiento: "No me voy a romper el cuello trabajando para mi amo. Él va a hacer un largo viaje. Es posible que ni siquiera regrese e incluso se olvide de que existo".

"Mientras tanto, tengo que atender mi propio negocio. Tengo que edificar mi propia casa y tengo que hacer dinero y usar mis propios talentos; pero por si regresa, mejor me aseguro de no perder lo que él me dio. Voy a ir a lo seguro y esconder su mina".

El amo le dijo a este siervo: "Mal siervo, por tu propia boca te juzgo" (v. 22). Entonces le preguntó: "¿por qué, pues, no pusiste mi dinero en el banco, para que al volver yo, lo hubiera recibido con los intereses?" (v. 23). Ni siquiera pudo reconocer a esta persona por su esfuerzo, y le dijo que fue un mal siervo porque sabía que poner el dinero en el banco significaba que habría un registro.

Me temo que hay muchos cristianos que pueden hablar de la gracia y la bondad de Dios, que pueden alabarlo por llevarlos de la nada a un lugar de prominencia, pero que no le están dando un buen rédito por su inversión en ellos.

> *Muchos cristianos que pueden hablar de la gracia y la bondad de Dios no le están dando un buen rendimiento por su inversión en ellos.*

Estas personas no solo no le están devolviendo el 1000%, el 500% o incluso el 10% a Dios. Como el siervo infiel, ni siquiera están produciendo el 2 o 3% que podrían obtener en el banco local. El amo dice que estas personas no son siervos buenos para él. Entonces, en contraste con el primer siervo, este individuo recibe una condena. No recibe ciudades y, como vimos anteriormente, incluso le quita la mina que tiene. Recibe la misma cantidad de rédito que produjo para su señor: ninguno.

Observa la participación de los "que estaban presentes" (v. 24) en el juicio de este hombre. No sé cómo Dios va a hacerlo, pero de alguna manera los resultados del tribunal de Cristo serán visibles para todos. Tal vez Dios use una pantalla de video cósmica. Cualquiera que sea el método, otros sabrán los resultados.

Esto significa que si solo llevamos el nombre de Cristo como una decoración en lugar de vivirlo, todos lo sabrán. Si no tenemos nada que ofrecer a Cristo que pueda resistir el fuego, otros cristianos presentes en el tribunal lo sabrán.

Por eso creo que habrá grandes sorpresas ese día y algunos dirán: "Pensé que fulano era un buen cristiano. Siempre venía a la iglesia con su Biblia bajo el brazo. Siempre estaba diciendo 'Alabado sea el Señor'"; pero si no hay una profundidad en el compromiso hecho en su sacrificio personal, inversión y servicio, será obvio ese día.

Esto es suficiente para asustarme y para sacudirme. No quiero que mi vida se exhiba públicamente, y descubrir que obtuve el tercer lugar como el sirviente inútil. No quiero que me arrebaten el servicio. Quiero ser un siervo fiel que aproveche al máximo lo que su Maestro le ha confiado.

No quiero ser solo un cristiano profesional, sino un auténtico discípulo del reino. Sé que tú también quieres serlo y alcanzar a muchos para que entren al reino de Dios. Por lo tanto, en la parte 3 aplicaremos los principios del discipulado del reino a las cuatro esferas del reino: el individuo, la familia, la iglesia y la comunidad.

Parte 3

La función del discipulado del reino

Capítulo 9

El individuo

A diferencia del elegante *Titanic* descrito en el capítulo 1, lleno de viajeros adinerados, el *Pelicano* fue una vez el barco más indeseable del mundo. Durante más de dos años se mantuvo a flote en mar abierto. Podríamos denominarlo el *Holandés Errante* del siglo XX. Ningún puerto lo aceptaba. El enorme barco fue rechazado por al menos once países, entre ellos Honduras, Costa Rica, Guinea-Bissau, las Bahamas y el país insular de Cabo Verde. Deambuló por el Caribe, se dirigió a África Occidental, navegó por el Mediterráneo y deambuló por el Océano Índico. Solo se le permitió atracar lo suficiente para cargar combustible y luego volver al mar.

Durante esos años, el huérfano barco sufrió incluso cambios de nombre antes de convertirse en el *Pelicano*. En realidad, salió de los Estados Unidos como el *Mar de Khian*, pasó a llamarse *Felicia* dos años más tarde y se convirtió en el infortunado *Pelicano* cuatro meses después.

La razón del generalizado rechazo del *Pelicano* se debe a que en 1986, Filadelfia, la ciudad del amor fraternal, en realidad no tuvo mucho amor fraternal. Los trabajadores de recolección de residuos dijeron que no sentían el amor de la ciudad que los dirigía. Entonces se declararon en huelga durante casi un mes entero.

En un mes se puede acumular mucha basura en una ciudad del tamaño de Filadelfia. Al principio intentaron enviar su basura a Ohio y Georgia, pero esos estados se negaron a aceptarla. De modo que Filadelfia terminó incinerando su basura en catorce mil toneladas de chatarra y cenizas y verterla en la bodega de un barco que luego se llamó *Pelicano.*

El *Pelicano* se convirtió en un infame basurero flotante con megatones de basura podrida que contenían elementos tóxicos, desde arsénico hasta plomo. Ninguna nación del mundo quería que el *Pelicano* estuviera cerca de sus costas. Tenía una carga de basura de la que no podía deshacerse.

La basura tóxica de nuestra vida

A veces la vida suele descargar su basura sobre nosotros también. Debido a nuestros pecados, las circunstancias y también a cosas que otros nos han hecho, ya sea de manera intencional o no, nos agobia el peso de la basura.

De hecho, con el tiempo esta basura se vuelve completamente tóxica. Produce los gases de la ira, la culpa, el pesimismo, el miedo y la amargura. La contaminación se origina por el estancamiento y nos pudre. Incluso otras personas pueden oler nuestro hedor cuando nos acercamos.

Así que terminamos yendo de una persona a otra o de una situación a otra, pero descubrimos que solo podemos quedarnos el tiempo necesario para cargar combustible, pero no más que eso. Nadie quiere nuestra basura.

Ni siquiera nosotros queremos nuestra basura. De modo que recurrimos a consejeros para tratar de deshacernos de ella; pero notamos que cuando nos vamos, todavía la tenemos con nosotros. Entonces, vamos a la iglesia para deshacernos de ella, y nos sentimos bien por un momento, pero después del servicio nos olemos y descubrimos que todavía tenemos nuestra basura. Parece no haber ningún lugar que nos permita librarnos de la carga de nuestra basura.

Si puedes identificarte con el *Pelicano* hoy, entonces sabes cómo es sentirse sin rumbo y cansado bajo una pesada carga. Cansado es diferente a estar somnoliento. Puedes conciliar el sueño con una cama o con una siesta en el sillón, pero estar cansado determina cómo te sentirás y qué harás. Cansado implica no poder relajarte. Cansado implica que ya no puedes seguir compartiendo la vida con la persona en quien te has convertido. Has perdido la alegría. Necesitas alivio incluso de ti mismo, porque las catorce toneladas de cenizas tóxicas que se han acumulado dentro de ti te impiden tener paz.

Si te sientes "cansado", entonces tengo buenas noticias para ti. Vivir como un discípulo del reino tiene una manera de descargar algo de peso de tus hombros. Jesús promete a los discípulos del reino darles victoria de las cargas que los agobian. Jesús no solo quiere vivir en ti, sino gobernar en tu vida para que seas un vencedor (Ro. 5:17; Jn. 16:33; 1 Jn. 5:4-5; Ap. 12:11). Experimentar la autoridad de su gobierno está íntimamente ligado a tu relación con Él. Esta victoria viene a través de una de las palabras más maravillosas de las Escrituras: "Descansar".

Jesús dice que ha venido a darte descanso. ¿Te gustaría descansar? ¿Anhelas un poco de paz? A medida que creces en tu madurez como un discípulo del reino (un hombre o una mujer que vive progresivamente toda su vida bajo el señorío de Jesucristo), descubrirás que Jesús te ofrece lo que nadie más podría hacer. Te ofrece un lugar donde atracar. Te ofrece una manera de librarte de tus cargas. No solo te dará un descanso en el cielo, sino que también te da un descanso continuo mientras estás en la tierra; pero antes de hacerlo, te da tres instrucciones: ven, lleva y aprende.

El descanso es solo para personas dependientes

Jesús una vez oró: "Te alabo, Padre, Señor del cielo y de la tierra, porque escondiste estas cosas de los sabios y de los entendidos, y las revelaste a los niños" (Mt. 11:25). Esta declaración precedió a su invitación a descansar en el versículo 28: "Venid a mí todos los que estáis trabajados y cargados, y yo os haré descansar". ¿Por qué dice "Te alabo, Padre... porque... estas cosas... revelaste a los niños"? Porque Dios no se revela a los orgullosos y autosuficientes, sino solo a los humildes.

Cualquiera que piense que es bastante inteligente para ocuparse de su propia vida no está listo para admitir su necesidad y acercarse a Dios. Sin embargo, los bebés son indefensos y dependen totalmente de sus padres. Los bebés no pueden hacer nada por sí mismos. Lo único que pueden hacer es llorar para expresar su necesidad y esperar que alguien los ayude.

Ahora bien, no crecí en una familia pudiente. Crecí en una precaria casa en una comunidad urbana de Baltimore, donde mis padres apenas tenían para vivir. A veces, mi madre tenía que encontrar la manera de cocinar el pescado que mi papá traía para el desayuno, el almuerzo, la cena y el postre; pero a pesar de esa realidad, nunca me iba a dormir preocupado. La carga de la vida no me afectaba en absoluto. La razón por la que nunca me afligían los problemas de la vida cuando era niño se debía a que no eran mis problemas; sino los problemas de mis padres. Yo les dejaba la preocupación a ellos.

Cuando despidieron a mi padre de su trabajo como obrero

portuario y estuvo varias semanas sin trabajar, no me estresé. Confiaba en aquellos que eran responsables de cuidarnos. La dependencia tiene sus beneficios, como la paz, el descanso y la satisfacción.

Como adulto, entiendo el peso de las cargas de la vida. Lo experimenté yo mismo, especialmente cuando era un hombre joven con cuatro hijos pequeños, una esposa y el reto de equilibrar mis estudios universitarios con el sostenimiento de mi familia. Sin embargo, a pesar de todas las cargas que acumulamos a medida que nos convertimos en adultos, Jesús dice que si tú y yo tan solo crecemos en los principios fundamentales del discipulado, podemos hallar descanso. Podemos experimentar uno de los mayores beneficios de ser suyos: paz.

Las respuestas a las cargas de la vida no se encuentran en el conocimiento, el éxito o incluso en la "sabiduría humana", como mencionó Jesús en el versículo que acabamos de ver. De hecho, no solo no puedes encontrar el camino hacia la victoria por ti mismo, sino que realmente está velado a ti. Al dirigirse a Dios con respecto a la verdad espiritual, Jesús dijo: "Escondiste estas cosas de los sabios y de los entendidos". Aquellos que creen que son tan inteligentes en la sabiduría humana no reciben la perspectiva divina. Solo los verdaderos discípulos del reino acceden a la sabiduría del Padre, sabiduría que puede transformar radicalmente nuestra vida y darnos todo lo que necesitamos para experimentar una vida abundante y victoriosa con la autoridad del reino.

Jesús nos ofrece descanso: "Venid a mí"

Para aquellos que reconocen su necesidad de Dios y se comprometen a vivir como discípulos del reino, Jesús hace esta invitación:

> Venid a mí todos los que estáis trabajados y cargados, y yo os haré descansar. Llevad mi yugo sobre vosotros, y aprended de

> mí, que soy manso y humilde de corazón; y hallaréis descanso para vuestras almas; porque mi yugo es fácil, y ligera mi carga (Mt. 11:28-30).

A propósito del descanso y el alivio de las preocupaciones, "cargados" significa que el peso es demasiado pesado para soportar. Es como un levantador de pesas con todos esos discos en ambos lados de la barra, que lucha por mantener levantada la barra. Del mismo modo, las cargas de la vida te pueden agobiar. Esas aflicciones pueden incluir dolor físico, errores, remordimientos, exigencias y desilusiones. Finalmente, podemos llegar al punto en el que ya no podemos levantar el peso. No podemos continuar. Por eso debemos vivir como un discípulo del reino, porque esa es la única forma de acceder al poder para superar todas las adversidades de la vida. Cuando permaneces en Cristo y estás totalmente unido a Él, descubres que su yugo es fácil y su carga es ligera.

Sin embargo, aunque este regalo es gratuito, no es automático. Jesús dice que debemos hacer tres cosas. En su invitación, nos presenta tres verbos activos.

El primer verbo activo es "venid". Para ir a Él, debes dejar atrás tu sabiduría humana y tu autosuficiencia. Es como cuando te enfermas y corres a la farmacia de la esquina para tratar de sanarte tú mismo, pero nada parece funcionar. Entonces te das cuenta de que necesitas ir a ver a un médico. Vas al médico porque él tiene información que no está al alcance de tu conocimiento. Tiene un equipo que supera tu capacidad de diagnóstico y dispone de un proceso de investigación para analizar los datos con el fin de identificar la fuente de tu dolencia. Tiene una capacitación, una historia, un conocimiento y una experiencia con las que tú no cuentas.

Dios te dejará hacer todo lo que quieras con todo tu ingenio humano para lograr vivir victoriosamente. Te dejará intentarlo y fracasar para que descubras que la única manera de vivir como un discípulo victorioso del reino es a través de Él. En Él hallarás descanso.

"Descansar" es una palabra maravillosa en la Biblia, que se remonta al comienzo de las Escrituras. Leemos que Dios trabajó seis días, pero que en el séptimo día descansó (Gn. 2:2-3). No es que tomó una siesta. Descansar no significa eso; sino que Dios "se relajó". Se recostó y disfrutó de su creación. Tan importante fue ese descanso, que Dios le dijo a Israel que honrara el sábado como un día de descanso. Les prohibió trabajar para que tuvieran un tiempo para reflexionar sobre todo lo que Dios había hecho y estaba haciendo por ellos.

El descanso nos recuerda nuestra dependencia de Dios y el principio básico de permanecer en Cristo. Cuando comenzamos a creer falsamente que nuestros resultados se deben a nosotros mismos, perdemos el foco de la verdadera fuente de la cual fluye la vida abundante. De hecho, Dios es tan poderoso para suplir tus necesidades a pesar de ti que te dice: "Por demás es que os levantéis de madrugada, y vayáis tarde a reposar, y que comáis pan de dolores; pues que a su amado *dará Dios el sueño*" (Sal. 127:2). Dios sigue trabajando mientras duermes. Descansar significa poner todo proceso y resultado en las manos de Dios, que es donde pertenecen. Otra palabra para descansar es rendirse, pero dado que hay tantas resistencias internas a la palabra "rendición", sigamos concentrados en el concepto del

El descanso nos recuerda nuestra dependencia de Dios y el principio básico de permanecer en Cristo.

descanso: la capacidad de abandonar nuestra ansiedad y dejar que Dios obre.

El jueves es el día cuando el servicio de recolección de residuos pasa por nuestra calle. Y en las más de tres décadas de vivir en la misma casa, la persona que recoge la basura nunca ha tenido que golpear a mi puerta y preguntarme dónde está mi basura. Si no saco la basura a la acera, tendré que vivir con ella otra semana más. De modo que llevo la basura a la acera, porque el hedor de la podredumbre invadiría toda nuestra casa. Al morir en la cruz, Jesús nos inscribió a todos para recibir el servicio de recolección de residuos; pero aun así tenemos que ir a Él. Jesús no forzará su descanso en ti. Él dice: "Venid a mí" porque para ir a Él, debes dejar atrás la sabiduría humana dentro de tus propias cuatro paredes. Jesús dice: "Venid a mí", y cuando vayas a Él, lleva tu basura contigo. De esa manera no solo le llevas tus cargas al Señor, sino que también te quitas la presión que proviene de vivir en un ambiente pecaminoso.

Tal vez digas: "Tony, ¿qué es exactamente nuestra basura?". Nuestra basura es cualquier cosa contraria a la verdad de Dios que nos impide vivir totalmente el destino para nuestra vida. Incluye esas fortalezas que se han erigido en tu mente. "Porque cual es su pensamiento en su corazón, tal es él" (Pr. 23:7). Incluye cada actitud, pensamiento o creencia errónea que da lugar a un comportamiento incorrecto, fortalezas, adicciones o esclavitud.

Entrégale tus cargas

En el fútbol americano, una vez que el mariscal de campo recibe el balón desde el centro, está bajo mucha presión. Los jugadores del otro equipo están tratando de derribarlo o capturarlo. Sin embargo, si el mariscal de campo se da vuelta y le pasa el balón al corredor, la presión que una vez tuvo sobre él ahora pasa al otro jugador. El mariscal de campo puede literalmente pararse ahí y ver el resto de la jugada una vez que entrega el balón. Nadie lo tocará.

De manera similar, cuando tratas de vivir basado en tu propio esfuerzo, fortaleza y sabiduría, puedes experimentar la presión de los ataques y las circunstancias del mundo sobre tus hombros. Jesús dice que si le entregas el balón de tus cargas como un discípulo del reino que mora en Él —unido a Él—, Él se llevará tus cargas y tú podrás descansar.

En una oportunidad, atendí a una pareja comprometida. Los novios querían casarse, pero tenían un problema que me habían pedido que les ayudara a resolver. La muchacha había acumulado una cantidad considerable de deudas a lo largo de los años, y la pareja simplemente no sabía cómo haría para casarse con toda esa deuda. Después de oír todo, hablé aparte con el joven, y le dije:

—Podemos resolver esto muy fácilmente.

Pareció sorprendido y luego me preguntó cómo.

—Si simplemente le dices a tu novia que su deuda ya no es su deuda, sino que tú te harás cargo, tienes la solución —le dije.

Se quedó en silencio, pensando sobre lo que acababa de decirle, así que continué.

—¿La amas? —le pregunté.

—Sí, por supuesto —respondió.

—¿Quieres casarte con ella? —le pregunté también.

—Claro que sí —respondió.

—Entonces dile que ya no tiene que llevar esa carga. Dile que ahora es tu carga.

Después de pensarlo el resto del día, este hombre acordó hacer eso. Cuando me llamaron para contarme la conversación que habían tenido, pude "escuchar" las lágrimas en la voz de la dama mientras ella me comentaba lo aliviada que estaba.

Como verás, ella tenía una carga, pero también tenía un amor. Y cuando el amor estuvo dispuesto a tomar la carga, ella encontró descanso. Jesús se llevará tus cargas, no importa si fuiste tú quien creó el problema. Él se llevará tus cargas cuando hagas de Él el eje de toda tu vida y permanezcas en Él.

Básicamente, este versículo es una invitación a recibir la salvación. Venir a Él significa entregarle tu pecado para buscar su gracia y su perdón. Esto te concede el descanso eterno: la salvación. "Te haré descansar"; pero también te invita a permanecer en una continua experiencia de descanso y victoria: la santificación. Lo encontramos en el segundo verbo: "Llevad" cuando nos dice: "Llevad mi yugo sobre vosotros".

Unidos en yugo con Él: "Llevad mi yugo"

La instrucción de Jesús puede suscitar una pregunta. ¿Cómo puede hablar de yugos y cargas, que sugieren un trabajo duro y, al mismo tiempo, de descansar? Para la mayoría de nosotros, descansar significa relajarse en un sillón reclinable, pero ese no es el tipo de descanso que Jesús está ofreciendo.

El yugo es un arnés que rodea el cuello de dos bueyes para que puedan jalar una carga. Aceptar el yugo de Jesús es una referencia a rendirse a Él, pero también da la idea de ayuda porque no tienes que jalar la carga solo. Jesús está unido en el mismo yugo contigo, y Él tomará la delantera y la carga.

El propósito de atar a dos bueyes en yunta era triple. Primero, fomentaba el compañerismo, porque los bueyes estaban atados uno al lado del otro. En segundo lugar, enseñaba a rendirse, porque en los días agrícolas de la Biblia, siempre se ataba a un buey más viejo y más fuerte en yunta con un buey más joven; por lo tanto, el buey más joven aprendía a rendirse y a trabajar bien. El buey más joven tenía que someterse a la experiencia, el tamaño y la fuerza del más viejo. Eso permitía que el buey más joven se apoyara en el poder y la autoridad del más viejo. En tercer lugar, había una responsabilidad compartida porque cada uno jalaba del mismo arado. El buey más joven podía cumplir su propósito a través de la sabiduría y el poder del buey más viejo. Como un automóvil enganchado a un camión de remolque, una persona unida con Cristo puede ir más allá de lo que podría por sí misma porque está compartiendo la autoridad de su reino.

Con frecuencia, mi hijo Jonathan viaja conmigo cuando tengo una conferencia. En una ocasión, él me acompañó y solicité redimir el premio por mis millas acumuladas como pasajero platino y que actualizaran el boleto de ambos a primera clase. Con mi condición de pasajero platino, puedo actualizar el boleto de un acompañante a primera clase también; pero en ese viaje en particular, actualizaron mi boleto a primera clase, pero el de Jonathan permaneció en la clase económica.

Fuimos al mostrador de recepción para preguntar por qué no habían actualizado el boleto de Jonathan, especialmente porque no solo era un acompañante, sino también mi hijo. Nos dijeron que no podían actualizarlo porque había comprado su boleto separado del mío. Su número de identificación era diferente al mío, por lo que no pudo disfrutar de los beneficios que provienen de estar vinculado conmigo en ese vuelo.

Muchos de nosotros, como hijos de Dios, no podemos disfrutar plenamente los beneficios de vivir unidos con Cristo, porque tenemos nuestros propios números de identificación. Pertenecemos a Dios, claro, pero insistimos en arar nuestro propio campo, seguir nuestro propio camino y hacer nuestra propia voluntad. Nos preguntamos por qué no vemos el poder de Dios en nuestra vida, y la razón es simple. No obtenemos los beneficios complementarios de Cristo si no nos unimos a Él como un compañero.

Llevar su yugo significa que decides voluntariamente ir a donde Él dice que vayas, hacer lo que Él dice que hagas, pensar lo que Él dice que pienses. Decides rendirte. Tu victoria como discípulo del reino está completamente ligada a tu nivel de entrega.

> *Llevar su yugo significa que decides voluntariamente ir a donde Él dice que vayas. Decides rendirte.*

Para disfrutar plenamente el alivio de tus cargas, debes inclinar la cabeza y estar dispuesto a aceptar su yugo. Debes permanecer en relación con Él y su Palabra, como hemos visto anteriormente. No se trata solo de acumular información sobre Él.

Implica permanecer unido a Él. Dios quiere que hagas de tu compañía con Él no solo lo más importante, sino también una relación constante y continua. Un buey no se une en yugo y da solo algunos pasos para luego soltarse y dar otros pasos más. Unirse en yugo a alguien es aceptar caminar con esa persona hacia donde y cómo te está llevando.

Jesús promete que su yugo es fácil si aprendemos de Él, que es manso y humilde de corazón. La palabra griega para fácil es un término que indica que "encaja bien" o también podría indicar "hecho a medida". Su yugo ha sido diseñado exclusivamente para ti.

Es decir que no será agotador, limitante o restrictivo para ti; sino liberador.

"Aprended de mí"

Nos hemos acercado al ancladero de Jesucristo en respuesta a su invitación de "venir". Nos hemos unido a Él, atados a su mismo yugo. Ahora, veamos cómo podemos optimizar nuestra vida individual como sus discípulos según la siguiente sección del versículo.

Solo la verdad te hace libre. Sacar la basura afuera y descargar el barco implica intercambiar tus pensamientos por los pensamientos de Cristo sobre un asunto. Recuerda que nuestra basura es cualquier cosa que sea contraria a la verdad de Dios. Un discípulo del reino comprende la necesidad de llevar cada pensamiento cautivo a Cristo. Cuando un pensamiento, actitud o impulso hacia un comportamiento viene a tu mente, debes tomarlo cautivo y ajustarlo a la perspectiva de Dios; porque cuando ajustas tus pensamientos conforme a los pensamientos de Cristo, entonces estás viviendo como un discípulo del reino. Tus pensamientos influyen en tus acciones.

Por lo tanto, el tercer verbo activo que Jesús nos da como instrucción es "aprender", cuando dice: "Aprended de mí, que soy manso y humilde de corazón". La palabra griega que traducimos como "aprender" encierra el concepto del discipulado. Jesús te discipula para que aprendas de Él. Y lo logras a través de una renovación constante de tu mente para que puedas aprender a pensar como Él. Este proceso no ocurre de manera instantánea; sino un pensamiento cada vez.

¿Cómo se descargan quinientos mil kilos de ceniza tóxica de un barco como el *Pelicano*? Un kilo cada vez. Cada vez que tomas cautivo un pensamiento y reemplazas la sabiduría humana por la verdad y la percepción espiritual, estás aliviando el peso y disminuyendo la carga de tu propia voluntad. Te estás conformando cada vez más a un discípulo del reino.

¿Qué debes aprender? Debes aprender cómo Jesús jala del arado, cómo Jesús se relaciona con su Padre, cómo Jesús ve el pecado, cómo Jesús valora a los demás, cuál es su perspectiva sobre un asunto.

Sin embargo, no solo debes aprenderlo; sino también aceptarlo, someterte a Cristo y reflejarlo en tus acciones. Aprender de Jesús significa reemplazar la sabiduría humana por la manifestación espiritual. Significa aprender, aceptar y practicar la paz; vencer la preocupación; conocer tu valor, tu identidad y lo que significa ser un hombre o una mujer del reino; vencer la tentación; saber comportarte en tu lugar de trabajo. Significa mostrar respeto, dar y recibir gracia, aprender a confiar, administrar bien tu dinero. Todo eso, y más.

Jesús dijo básicamente: Aprende de mi manera de hacer las cosas. Ya trataste de hacerlo a tu manera y te cansaste. Aprende de mí porque mi yugo es fácil y mi carga es ligera. Es una nueva manera de hacer las cosas. Una mente nueva. Un yugo nuevo. Dios quiere que te deshagas del antiguo yugo que te esclavizó y lo cambies por su yugo que te hará libre.

Halla descanso para tu alma

Para terminar esta fórmula sobre cómo vivir como un discípulo del reino, veamos los dos últimos versículos de este pasaje en su totalidad. Jesús dice: "Llevad mi yugo sobre vosotros, y aprended de mí, que soy manso y humilde de corazón; y hallaréis descanso para vuestras almas; porque mi yugo es fácil, y ligera mi carga".

No quiero que malinterpretes esto. Jesús nunca dijo que jamás tendrás una carga; sino que no pesará lo mismo. La carga ahora será ligera.

Un día estaba caminando por el aeropuerto con maletas en ambas manos. Alguien me detuvo y me preguntó: "¿No tienen rueditas?". Allí estaba esforzándome y luchando con el peso, todo porque había olvidado que mis maletas tenían rueditas. Rápidamente, apoyé sobre el piso ambas maletas, levanté las manijas y seguí mi camino. Ahora bien, el peso que estaba cargando no cambió. Seguían siendo las mismas maletas llenas, pero cambié la manera de llevarlas y mi carga se volvió ligera. No sentí el mismo peso que antes.

Dios está diciendo que si vienes a Cristo como un discípulo totalmente comprometido con el reino, Él puede poner rueditas en tu vida para que las circunstancias y las dificultades que enfrentes no te agobien como solían hacerlo.

Nuestro mundo está lleno de problemas hoy, y vienen en todas formas y tamaños. El descanso, la paz y la felicidad son cada vez más difíciles de experimentar; pero si te unes en yugo con Cristo, Dios te asegura un buen descanso.

Un día, dos hombres participaron en una competencia de silvicultores para descubrir quién podía talar la mayor cantidad de árboles en un día. La estrategia del hombre más joven era usar su tamaño y su fuerza; pero el hombre mayor pensó en una estrategia diferente: a cada hora se sentaría a descansar.

El hombre más joven vio lo que estaba haciendo su competidor y se rió burlonamente de él. *Ni siquiera puede talar una hora* —pensó—. *Ya lo tengo en la bolsa.*

Así que, mientras el joven seguía hachando, hachando y hachando, el hombre mayor se detenía a los cincuenta minutos y descansaba diez, después hachaba otros cincuenta minutos y descansaba diez. Eso continuó todo el día. Al final de la jornada, el juez contó los árboles. Para sorpresa de todos, el hombre mayor había talado el doble de árboles que el más joven. Todos estaban confundidos, especialmente porque el hombre mayor había trabajado mucho menos que el otro.

Cuando el hombre más joven le preguntó cómo había hecho para ganar, el viejo señaló que había usado ese tiempo de inactividad para afilar su hacha. Mira, cuando hayas hecho toda tu parte, puedes descansar. Puedes relajarte porque Dios sabe qué hacer. Y Él puede hacer más en un minuto que lo que podríamos hacer nosotros en toda una vida. ¿No sería sabio descansar en su soberanía, unidos a Jesucristo?

Como un discípulo del reino, recuerda: Dios sabe qué hacer. Descansa en Él a través de una relación íntima con Cristo, y Él hará más en ti y a través de ti de lo que jamás hubieras hecho por ti mismo, ya que comparte la autoridad de su reino contigo.

Capítulo 10

La familia

Aun antes que existiera el pecado, se conocía el concepto de familia. Dios tenía un grandioso plan para el hombre y la mujer y la primera familia de la tierra. En un ambiente sin pecado, que Dios había creado, Adán y Eva tenían todo lo que necesitaban. Dios les dio autoridad sobre toda la creación y los bendijo. En Génesis 1 leemos:

> Entonces dijo Dios: Hagamos al hombre a nuestra imagen, conforme a nuestra semejanza; y señoree en los peces del mar, en las aves de los cielos, en las bestias, en toda la tierra, y en todo animal que se arrastra sobre la tierra. Y creó Dios al hombre a su imagen, a imagen de Dios lo creó; varón y hembra los creó. Y los bendijo Dios, y les dijo: Fructificad y multiplicaos; llenad la tierra, y sojuzgadla, y señoread en los peces del mar, en las aves de los cielos, y en todas las bestias que se mueven sobre la tierra (vv. 26-28).

Dios transmitió a la humanidad el mandato de reflejar la imagen trinitaria de Dios: "Nosotros" se refiere al Dios trino (Padre, Hijo y Espíritu), así como creó al hombre (cuerpo, alma y espíritu) para que lo reflejara. Luego estableció una institución divina, llamada familia (padre, madre, hijo), para que reprodujera su imagen.

Por lo tanto, el objetivo de la raza humana en general, y de la familia en particular, es reflejar a Dios en el ámbito visible basados en la realidad invisible de Dios. La familia debe ser la fotografía y la representación visible de Dios. Y así Dios bendijo a Adán y Eva con amor, cuando les dijo: "Fructificad y multiplicaos; llenad la tierra, y sojuzgadla". Los bendijo con hijos (Gn. 1:28; 4:1-2). El pecado de la primera pareja y la primera familia (Gn. 3:1-13, 16-19; 4:1-12) separaría a la humanidad de Dios hasta que un Redentor los rescatara de las garras del pecado y de Satanás, el tentador.

La familia del reino

Un discípulo del reino es aquel que entrega todas las áreas de su vida al señorío de Jesucristo. Una familia del reino es la que hace lo mismo. Gracias al Redentor que vendría —prometido en Génesis 3:15— y al Espíritu Santo a quien Jesús enviaría después de su ascensión, los cónyuges y las familias pueden ejemplificar el reino en la tierra. Cuando las familias entregan sus vidas a Cristo —en conjunto con sus relaciones marido / mujer y padre / hijo y sus decisiones individuales dentro de la unidad familiar—, pueden operar bajo la autoridad divina y honrar el nombre de Dios.

En resumen, la misión de la familia es reproducir la imagen de Dios al reflejar a su Hijo Jesucristo en la tierra y ejercer el gobierno que Dios el Padre ordenó cuando dijo "señoree" (Gn. 1:26). La felicidad personal y familiar debe ser el beneficio de una familia fuerte, pero esa no es su misión. La misión es reflejar y representar a Dios a través de la extensión de su reino y su gobierno en la tierra. La felicidad se convierte en el beneficio natural cuando la familia cumple ese objetivo.

El problema hoy es que hemos transpuesto el beneficio al objetivo, de modo que cuando el beneficio —la felicidad— no resulta, lo dejamos y seguimos adelante. Recuerda que la felicidad nunca es lo que más le interesa a Dios. Por el contrario, la felicidad y la satisfacción deben ser una consecuencia natural del cumplimiento de lo que más le interesa a Dios: extender su reino. Si hacemos de lo que más le interesa a Dios nuestro principal interés, experimentaremos el beneficio; pero si nos concentramos en el beneficio de la felicidad sin pensar en el propósito, podemos terminar por pasar por alto el propósito y perdernos el beneficio.

Dios estableció la familia para que fuera la institución representativa fundamental de Dios en la sociedad y como marco para llevar a cabo colectivamente el plan de Dios en la tierra. En particular, ese plan incluye el reflejo de la imagen de Dios a través de Jesucristo y la implementación de su gobierno o *dominio* en la tierra. Ejercer *dominio* significa gobernar en nombre de Dios en la tierra para colocarla bajo su autoridad. Y el establecimiento y la reproducción de la familia sirvieron como base para el avance de la autoridad del reino de Dios en la sociedad.

El dominio de la familia

En resumen, el *pacto de dominio*, mencionado por primera vez en Génesis 1:26, significa que Dios delegó al género humano toda la responsabilidad de gobernar su creación terrenal. Al dejar que la humanidad ejerciera dominio directo, puso un agente en la tierra para que sirviera como su representante a fin de llevar a cabo su voluntad en la tierra.

Dios, que nos otorga su autoridad para gobernar, también nos concede la libertad y la responsabilidad de gobernar en su nombre, como el propietario. Sin embargo, no nos *obliga* a gobernar. Él dice que el hombre "tenga dominio" (RVA-2015), pero no que nos va a forzar a tener dominio.

Esto significa que puedes tener una familia feliz o una familia desdichada en función de si estás ejerciendo o no tu dominio como un reflejo de la imagen de Dios. Dios no te va a obligar a gobernar. Él no te va a forzar a tener un hogar productivo y pleno. Él establece los fundamentos de la familia y te da la opción de utilizarlos.

Dios nos concede la libertad de gobernar, pero no nos obliga a hacerlo.

A menudo, el bienestar del hogar depende de si el esposo refleja a Cristo en su rol o si la esposa refleja a Cristo en el suyo. Una vez que ese espejo se rompe, el reflejo que debe verse en la relación también se rompe. Prácticamente cada vez que hay una ruptura familiar, es porque una o ambas partes están actuando fuera de los vínculos del pacto matrimonial. (Para saber más sobre el matrimonio como un pacto, consulta la sección "Cómo describe Dios el matrimonio"). No están ejerciendo el dominio que Dios les ha encomendado.

Satanás intenta subvertir la autoridad que Dios nos ha dado y hacer que (1) renunciemos a nuestro dominio y se lo entreguemos a él mediante engaños para que creamos que él tiene autoridad o que (2) gobernemos mal en función de nuestro propio juicio y nuestra perspectiva del mundo distorsionada. No es hasta que ejerzamos dominio en total rendición a la autoridad de Dios que seremos los gobernantes que Él destinó que seamos. Es entonces cuando entramos en la materialización plena del designio divino para una familia bajo Dios.

El Señor Dios: Jefe y Soberano

En Génesis 2, la narración pasa de la creación general a la creación específica de la humanidad, comenzando con Adán. Leemos: "Entonces el Señor Dios formó al hombre del polvo de la tierra. Sopló en su nariz aliento de vida, y el hombre llegó a ser un ser viviente" (v. 7, RVA-2015).

¿Por qué es importante? Porque la palabra Señor (en letras mayúsculas) hace referencia al nombre del pacto de Dios, que es *Yahweh*. *Yahweh* se traduce literalmente como "jefe y soberano absoluto". Cuando Dios se presenta a Adán en el huerto y cuando se presenta a nosotros a través de las Escrituras, usa la expresión "Señor Dios". En todas las demás referencias en estos capítulos que no están vinculados al hombre, Dios se refiere a sí mismo como *Elohim*, que significa Creador.

Evidentemente, Dios está estableciendo la naturaleza absoluta y autoritativa de su relación con la humanidad a través de la revelación de su carácter y su nombre. De hecho, sabemos que este es su objetivo porque es lo primero que Satanás trató de borrar cuando habló con Eva más adelante en el capítulo 3 de Génesis.

Es significativo que Satanás no se refiriera a Dios como *Yahweh* (Señor Dios); sino que eliminó el nombre "Señor" y dijo: "¿Conque Dios os ha dicho…?" (Gn. 3:1). Satanás buscó despojar a Dios de su relación con el hombre como soberano absoluto y autoridad al ignorar su nombre que connotaba su posición relacional. De ese modo, Satanás mantuvo la idea de religión (Dios) mientras eliminó su posición de autoridad (bajo Dios).

La religión sin Dios como soberano y autoridad absoluta no es una amenaza para Satanás. La vida con una noción de Dios es muy diferente a la vida bajo Dios. La vida bajo Dios es el discipulado del reino. La vida que busca sus propias decisiones y su propia voluntad sin tener en cuenta a Dios es religión. De hecho, Satanás a menudo usa la religión organizada para mantener a las personas alejadas del Dios único y verdadero. El ritual que no se basa en la naturaleza autoritativa de la relación entre Dios y la humanidad es un simple legalismo y el camino más rápido para alejarse de los propósitos del ejercicio de dominio de Dios (ver el engaño de Eva en Génesis 3).

Antes de establecerse la familia, se estableció la autoridad. La autoridad es el componente clave para vivir como un discípulo del reino y experimentar la multiforme abundancia que Cristo vino a ofrecer. De hecho, mientras establecía el fundamento de la familia, Dios afianzó el fundamento de estar bajo su propia autoridad legítima. El elemento principal que sostiene todo lo demás en un reino es la autoridad del gobernante. Sin la adecuada instauración y sujeción a un gobernante, sobreviene la anarquía.

La fundación de la autoridad comienza antes de casarnos

Antes de que se implantara el concepto de familia, Adán estaba solo. Antes de que se unan dos personas en matrimonio y se forme una familia en la tierra, ambas personas son solteras. Una de las áreas que a menudo descuidamos en la edificación de familias fuertes es la edificación de solteros fuertes. Un soltero fuerte contribuirá a una familia fuerte.

Puede que estés leyendo y seas una persona soltera (o volviste a tu estado de soltería). Este puede ser el momento de dejar que Dios te prepare para el matrimonio. Antes de formar la familia correcta, tenemos que ser solteros. Un soltero del reino es una persona soltera que prioriza, sin distracciones, su llamado divino de extender el reino de Dios. ¡Qué gran oportunidad!

El nombre *Adán* significa: "proviene de la tierra". Dios hizo al hombre de la misma tierra de la cual provino y de la misma tierra que fue destinado a sojuzgar: el lugar donde debía cumplir con sus responsabilidades de dominio.

Para que Adán viviera como un soltero exitoso, su doble marco de referencia era reconocer que (1) estaba destinado a sojuzgar la misma tierra de la cual provenía y (2) necesitaba humildad para vivir bajo el liderazgo del Señor Dios. Mientras mantuviera esa actitud y actuara conforme a esa verdad, tendría las herramientas necesarias para tomar decisiones productivas.

Dios le dio al hombre una responsabilidad. Eso nos muestra que un hombre irresponsable no es una buena opción para casarse.

Lo que Adán debía aprender antes de que Dios lo uniera en una familia era que él iba a ser el *responsable.* Dios le dio un trabajo (Gn. 2:15). El trabajo de Adán también ofrece un principio sabio para las mujeres solteras. Mujer, cuando consideres a un hombre para casarte, recuerda que antes de que Dios le diera una esposa a Adán, le dio una responsabilidad. Queda claro a partir de este hecho, que Dios quiere que todo hombre —y esposo— trabaje y sea responsable. Eso nos muestra que un hombre irresponsable, no importa lo atractivo o suave que pueda hablar, no es una buena opción para casarse. El matrimonio no lo convertirá en un proveedor y líder responsable. Dios quiere lo mejor para cada una de sus hijas. Considera cuidadosamente la elección de un compañero y sigue la norma de Dios y cásate con un hombre que demuestre, mientras está soltero, que puede cuidar y cuidará de ti en el matrimonio.

Sin embargo, además de su responsabilidad, Dios también le dio libertad. Adán podía disfrutar de todos los frutos del huerto, con una excepción: el fruto del árbol de la ciencia del bien y del mal (vv. 16-17). La segunda lección, basada en los versículos 16 y 17, indica por qué tantos matrimonios y tantas familias se disuelven. Dios le dio a Adán un trabajo que hacer en el huerto, y con esas instrucciones lo preparó para vivir allí. Dios solo le dio una limitación: "Mas del árbol de la ciencia del bien y del mal no comerás; porque el día que de él comieres, ciertamente morirás" (Gn. 2:17). Esa conversación con Adán nos muestra la debilidad en la mayor parte de los hogares: la mayoría de los maridos no sabe lo que Dios dijo o lo tergiversan a la hora de aplicarlo a sus propias vidas y sus relaciones.

Esta es la segunda lección para hombres y mujeres solteros: si tu fundamento personal (humillarte ante Dios además de comprender y practicar correctamente la Palabra de Dios) no es sólido antes de formar una nueva familia mediante el matrimonio y los hijos, el fundamento de tu familia tampoco será sólido. Actuar como un discípulo del reino soltero bajo la autoridad divina del Señor Dios es la clave primordial para establecer el fundamento de una familia.

Conoce el propósito de una bendición

Si ya estás casado y no vivías como un discípulo del reino antes de formar tu familia, o si tu pareja no vivía como tal, entonces el punto de partida es concentrarte en lo que significa ser un discípulo del reino. Nunca es demasiado tarde para someter tus pensamientos, palabras y acciones bajo la autoridad suprema de Dios. Comienza contigo mismo, ora por tu cónyuge y luego busca implementar los principios del discipulado en tu hogar. Cuando lo hagas, recibirás las abundantes bendiciones de Dios tal como Él lo prometió en su Palabra. Ora por otros miembros de tu familia y por tus hijos, para que ellos también se conviertan en discípulos del reino.

Sin embargo, ten en cuenta que Dios nunca bendice solo por bendecir. Siempre hay una razón, un propósito, para su provisión. Observa el orden en el siguiente versículo relacionado con el propósito de la instauración de la familia. Dice: "Luego *Dios los bendijo* con las siguientes palabras: 'Sean fructíferos y multiplíquense. Llenen la tierra y *gobiernen sobre* ella. Reinen sobre los peces del mar, las aves del cielo y todos los animales que corren por el suelo'" (Gn. 1:28, NTV).

Primero, sería de ayuda definir qué es una bendición. Una bendición es *la capacidad de experimentar, disfrutar y extender la bondad de Dios en tu vida*. Nunca se trata solo de ti. Si bien te incluye, de alguna manera también debe extenderse a través de ti a otros. Demasiados cristianos hoy día quieren que Dios los bendiga sin estar dispuestos a que Dios bendiga a otros a través de ellos.

Cuando Dios estableció la familia en el huerto, les dijo que fueran fructíferos y se multiplicaran. Los bendijo. Luego les permitió extender la bendición que les había dado por toda la tierra y a los que vinieron después de ellos. Además, Dios también los bendijo al darles lo que necesitaban para llevar a cabo la tarea de gobierno que les había encomendado.

Es una bendición cuando Dios te da todo lo que necesitas para lograr todo lo que está bajo tu esfera de responsabilidad en la vida.

En segundo lugar, ten en cuenta que después de la bendición llegaron las instrucciones. Dios los bendijo, pero después siguió con la comisión a Adán y Eva para que fueran fructíferos y se multiplicaran y gobernaran sobre lo que Él había puesto debajo de ellos. Debían ser administradores del huerto que les habían dado.

Una de las peores cosas es vivir la vida y descuidar el huerto de tu propósito, tu productividad y tu destino divino, como individuo y como familia. La verdadera tragedia es perder la administración, o incluso la mala administración, de la esfera de responsabilidad que Dios ha preparado para ti y tu familia.

Cómo describe Dios el matrimonio

En Malaquías 2, Dios se quejó porque su pueblo se había alejado de Él. Se habían desviado del destino que Dios tenía para ellos. Su camino errante se revelaba de diversas maneras, incluida la forma en que se comportaban en sus matrimonios. Dios fue específico:

> Y esta otra vez haréis cubrir el altar de Jehová de lágrimas, de llanto, y de clamor; así que no miraré más a la ofrenda, para aceptarla con gusto de vuestra mano. Mas diréis: ¿Por qué? Porque Jehová ha atestiguado entre ti y la mujer de tu juventud, contra la cual has sido desleal, siendo ella tu compañera, y la mujer de tu pacto (vv. 13-14).

Observa la última palabra. Dios describe específicamente la unión matrimonial como un "pacto". El término "pacto", por lo general, solía adjuntarse al concepto del matrimonio, que es el fundamento de la familia. De hecho, el matrimonio del reino se define como la unión de pacto entre un hombre y una mujer, que se comprometen a funcionar en unidad bajo la autoridad divina a fin de reproducir la imagen de Dios y extender su dominio en el mundo a través de su llamamiento individual y como pareja. Esta unión debe ser el fundamento sobre el cual se edifiquen las familias del reino. Sin embargo, los cristianos han dejado de usar esta palabra en el lenguaje contemporáneo de hoy, a pesar de que es la descripción bíblica del matrimonio que se utiliza a lo largo de las Escrituras.

Los problemas en nuestros hogares surgen cuando no reconocemos que el matrimonio *es* un pacto. Entre aquellos que lo reconocen, muchos simplemente no saben lo que implica un pacto. Cuando no sabemos qué es un pacto, entonces no sabemos lo que debemos tener, desarrollar o proteger con el paso del tiempo. Es como intentar dar en el blanco sin un objetivo.

Un pacto es más que un acuerdo contractual formal. Bíblicamente, *un pacto es un vínculo espiritual y relacional entre Dios y una persona, o personas, que incluye ciertos acuerdos, condiciones, beneficios y efectos.*

Siempre que Dios quería formalizar su relación con su pueblo, establecía un pacto. Hay una serie de estos acuerdos en las Escrituras, tales como el pacto abrahámico, el pacto mosaico, el pacto davídico y el nuevo pacto. Como vimos en un capítulo anterior, estos son acuerdos formales, espiritualmente vinculantes en una capacidad legal entre Dios y una persona o personas. A través de los pactos Dios administra los programas de su reino.

El matrimonio es otro pacto que Dios estableció. Como tal, el pacto matrimonial nunca puede operar en su máximo potencial sin la participación continua de Dios. Los pactos bíblicos, espirituales y teológicos suponen la integración de Dios en cada aspecto de la relación para que ese pacto maximice su propósito.

Cuando se descartan las realidades prácticas de Dios en la relación de pacto matrimonial, eso se convierte en una invitación al diablo para causar estragos en el hogar. Esto sucede porque ha habido un alejamiento de la supremacía absoluta de Dios.

El vínculo espiritual en el matrimonio

Una de las facetas del pacto, que acabo de mencionar, es una palabra teológica llamada *supremacía*. La supremacía significa que Dios es el que rige; un concepto que abordamos desde muchos ángulos diferentes en este libro porque es sumamente decisivo para vivir como un discípulo del reino. Dios es el que establece y rige los pactos.

La supremacía es un principio clave en el pacto matrimonial, así como en establecer un fundamento sano para la familia. Para que un pacto tenga éxito y produzca los beneficios, la seguridad y la autoridad que este conlleva, tiene que establecerse de acuerdo con las expectativas y las reglas de Dios.

Hasta que reconozcamos el aspecto de la supremacía de pacto en nuestras familias —que Dios instituyó el matrimonio y, por lo tanto, Él rige y como tal su perspectiva debe ser nuestra perspectiva también—, nunca experimentaremos la relación productiva, llena de propósito y de paz que fuimos destinados a tener. No podremos disfrutar de un vínculo espiritual.

El matrimonio es un acuerdo de pacto creado para mejorar la capacidad de cada cónyuge de llevar a cabo en la tierra lo que Dios ha designado en el cielo, así como para que los cónyuges gobiernen juntos en nombre de Dios como uno solo.

Dado que, en definitiva, Dios rige el pacto matrimonial, la primera fuente donde aprender los elementos de todo matrimonio con propósito es conocer la perspectiva de Dios sobre el mismo.

La mayoría de las personas aprende sobre el matrimonio de una fuente ilegítima: la televisión, sus amigos o el hogar en el que crecieron. Si creciste en un hogar que funcionaba bien, entonces no tendrías inconvenientes. Sin embargo, esa no es la experiencia de muchos, por lo que el hogar —junto con los medios de comunicación y los amigos— a menudo se fusionan para formar una perspectiva distorsionada sobre el pacto matrimonial.

El diablo a menudo es el responsable de esta perspectiva distorsionada que se ve en el caos que experimentamos en nuestros matrimonios y en nuestras vidas. Su objetivo es destruir la familia y el dominio del reino que fue destinada a ejercer. Sé que a veces nos molestamos y discutimos en nuestra pareja y creemos que el otro es el culpable; pero eso es exactamente lo que el diablo quiere que pienses. Él quiere que pienses que tu cónyuge es el problema.

Él quiere que pienses eso porque sabe que tú nunca solucionarás el verdadero problema, ya que la persona con la que luchas no es el verdadero problema, el cual es espiritual y ha sido causado por tu propia naturaleza pecaminosa o por un enemigo de Dios rebelde y astuto.

Gran parte de las discusiones que tenemos como pareja tienen que ver con las consecuencias de nuestras propias decisiones y del reino demoníaco que actúa en contra de nosotros. "Una pequeña cosa" puede convertirse fácilmente en un conflicto que conduce a un matrimonio al mismo juzgado de familia para tramitar su divorcio. Puede provocar el divorcio, porque no es solo una pequeña cosa lo que lo provoca; sino la ruptura del pacto matrimonial ya sea por la falta de sumisión al Dios supremo o por la transgresión de las reglas del amor y el respeto del pacto. Si los miembros de una familia se rindieran a los principios determinantes del amor y el respeto, no enfrentarían la gran cantidad de problemas que plagan los hogares en la actualidad. Todos los problemas se remontan a estas dos reglas.

Parejas de casados: si no podemos comprender la seriedad de desarrollar un vínculo espiritual en todas las situaciones de nuestro matrimonio, seguiremos despotricando y hablando sobre el tema en cuestión. Seguiremos concentrados en lo que está sucediendo sin darnos cuenta de que debemos alinearnos bajo los fundamentos del pacto para estar en condiciones de recibir las bendiciones que Dios ha prometido. No hacerlo estorba nuestras oraciones. En contraste, la unidad espiritual bajo Dios nos trae su bendición.

El asesoramiento familiar que ofrece consejos sobre estrategias relacionales es bueno, y lo recomiendo cuando los matrimonios han llegado a un punto muerto en la comunicación. Sin embargo, para revertir los efectos de las consecuencias negativas en tu hogar y en tu vida y dar lugar a la bendición en tu esfera familiar, necesitarás más que eso. Tendrás que tratar el fundamento espiritual de tu familia. Y este fundamento espiritual solo puede tratarse espiritualmente con una vida como discípulos del reino totalmente comprometidos.

Si deseas que tu familia experimente el propósito y las bendiciones de Dios, debes actuar de acuerdo con el pacto. Debes edificar tu hogar sobre la base de la Palabra de Dios. La familia es una institución divina y, como tal, florecerá cuando esté alineada bajo la regla del reino de Dios. El lema de cada familia del reino debería ser la declaración de Josué: "Pero yo y mi casa serviremos a Jehová" (Jos. 24:15).

El incesante esfuerzo de Satanás por destruir a las familias

Tratar de derribar y destruir los cimientos de las familias no es nada nuevo para Satanás. Su objetivo comenzó con la primera familia, Adán y Eva; pero desde entonces se ha trasladado a todas las demás familias del planeta. Con la destrucción de las familias, busca detener la extensión del reino de Dios en la tierra, así como la reproducción de la imagen de Dios a través de sus discípulos.

La estrategia de Satanás comenzó al persuadir a la humanidad para que rechazara voluntariamente el gobierno de Dios. Cuando Eva comió el fruto, y Adán también lo comió de buena gana, Satanás los hizo funcionar según su propio gobierno y bajo su propia autoridad. Adán y Eva hicieron caso omiso de la autoridad de Dios, además de su instrucción, lo que invitó la devastación a su hogar. Una pequeña acción creó toda una vida de sufrimiento y consecuencias. Así de importante es la obediencia y la sumisión al señorío de Jesucristo.

Cuando Satanás hizo que Adán y Eva se salieran de la alineación con Dios que Él había establecido, el tentador también hizo que se salieran de la alineación que Dios había establecido para ellos mismos. Eva se convirtió en la líder mientras que Adán se convirtió en el respondedor pasivo, sin mencionar que luego procedió a culpar a Eva por lo que, al fin y al cabo, fue una falta de liderazgo de su parte. De hecho, Dios responsabiliza a Adán por permitir que el amor por su esposa predominara sobre su amor y compromiso con Dios (Gn. 3:17).

La consecuencia fue que entraron al matrimonio tanto la vergüenza como el conflicto. No solo eso, sino que la naturaleza misma comenzó a sentir el efecto del pecado en el mundo y se desintegró como resultado de la maldición de la tierra. Finalmente, la rivalidad entre hermanos en la primera familia condujo al asesinato, que luego se perpetuó en relaciones disfuncionales entre aún más familias, lo cual causó la destrucción de toda la raza humana, excepto Noé y su familia (Gn. 6).

Solo si los hombres y las mujeres del reino cumplen sus roles divinamente ordenados bajo el gobierno de Dios y forman familias del reino, veremos la operación de la autoridad del reino en el mundo para desarrollar una sociedad estable.

El uso divino de la familia por parte de Dios

Cuando todo el mundo se corrompió y fue destruido en el catastrófico diluvio, Dios decidió comenzar a recrear la población mundial a través de la institución de la familia. En este caso, no fueron Adán y Eva; más bien, fue Noé. Los tres hijos de Noé se convirtieron en la base para restaurar la civilización.

Cuando Dios quiso edificar su propia nación y levantar un pueblo que fuera santo y separado para Él, comenzó a partir de la institución divina de la familia. Eligió a Abraham, junto con su esposa Sara, como el canal a través del cual crearía toda una nación. De hecho, la intención de Dios de bendecir al mundo entero vino a través de Abraham y la simiente de su familia.

Leemos en Génesis 18: "Es un hecho que Abraham se convertirá en una nación grande y poderosa, y en él serán bendecidas todas las naciones de la tierra. Yo lo he elegido *para que instruya a sus hijos y a su familia, a fin de que se mantengan en el camino del Señor* y pongan en práctica lo que es justo y recto. Así el Señor cumplirá lo que le ha prometido" (Gn. 18:18-19, NVI).

Fíjate que Dios validó la importancia de la familia para Abraham cuando dijo que sus promesas relacionadas con la reconstrucción de la nación estaban directamente relacionadas con la influencia de Abraham en sus propios hijos. La grandeza de Abraham como padre de una nación no vino simplemente en virtud de quién era él. Dios ordenó a Abraham que enseñara a sus hijos, junto con toda su familia, a vivir bajo Dios, básicamente como discípulos. Por eso la historia de una nación es la historia de sus familias en su máxima expresión.

Dios valora tanto a la familia, que con regularidad recordaba a su pueblo que había sido edificado sobre la base de la familia cuando les hablaba de su plan en la tierra y, normalmente, lo comunicaba en términos de familia. Se referiría a sí mismo en términos familiares, tales como: "Yo soy el Dios de Abraham, Isaac y Jacob".

Del mismo modo, cuando Dios expandió su reino en el Nuevo Testamento a través de la iglesia, por lo general lo hizo con terminología familiar, como "familia de la fe", "hermanos", "hermanas", etc. El tema central de la familia para la extensión de su reino aparece en todas las Escrituras.

Y cuando Dios decidió redimir al mundo entero mediante el sacrificio de su propio Hijo en la cruz, colocó a Jesús en el contexto de una familia terrenal: para que fuera educado, aprendiera y creciera tanto en sabiduría como en estatura antes de dar su vida como nuestro Salvador. Así como Dios redimió al primer matrimonio mediante el sacrificio de un animal y cubrió su desnudez con la piel de un animal, las familias pueden ser restauradas hoy a través de la redención de Jesucristo si los miembros que la conforman deciden alinearse bajo Dios como sus discípulos del reino. Mientras mantengamos el fundamento de la familia con esposos y esposas del reino, que crían familias del reino bajo el señorío de Jesucristo, veremos la expansión del reino de Dios. Y dejaremos un legado en la vida de nuestros hijos y nietos que durará para siempre.

Capítulo 11

La iglesia

¿Te gustan las palomitas de maíz de microondas, especialmente cuando estás mirando una buena película o un partido de fútbol? Lo que siempre me sorprende de las palomitas de maíz es la transformación total que ocurre a partir de lo que una vez fueron semillas duras y gruesas en palomitas de maíz suaves y tibias. Esta metamorfosis sucede porque el microondas calienta la humedad dentro de cada semilla hasta que se convierte en vapor. Una vez que se convierte en vapor, la presión es tan grande, que la cáscara ya no puede contener la humedad y estalla. Lo que antes era incomible e indigerible ahora es sabroso, comible y delicioso.

Lo cierto es que el entorno lo es todo. Cuando el microondas funciona como es debido, las semillas de maíz se transforman.

Lo que el microondas es para las palomitas de maíz, la iglesia local debe ser para el cristiano y su crecimiento como un discípulo del reino. La iglesia local es el contexto y el entorno que Dios ha diseñado para transformar a los cristianos en lo que Dios destinó que seamos a través de la redención: seguidores totalmente devotos de Jesucristo. La iglesia también es el vehículo autorizado de Dios para manifestar el gobierno y la autoridad de su reino en el mundo (Mt. 16:18-19; Ef. 1:22-23; 3:10). Las iglesias que no dan prioridad al discipulado no están cumpliendo su llamado, y las organizaciones paraeclesiásticas que no se unen a la iglesia local están fuera de sintonía, porque la iglesia es columna y baluarte de la verdad (1 Ti. 3:14-15).

Dado que todos los verdaderos creyentes tenemos el Espíritu Santo, ya contamos con la "humedad" interna necesaria para que se produzca el proceso de transformación. Por lo tanto, si la transformación no se produce, sabemos que las semillas no están en el entorno adecuado, preparándose para la transformación, o el microondas de la iglesia no funciona adecuadamente y no produce el calor espiritual y el crecimiento necesario para producir un cambio. Una iglesia del reino es un grupo de creyentes que se unen para discipular a otros a fin de formar y transferir los valores del cielo a la tierra. Como una embajada extranjera, que representa oficialmente a su patria, la iglesia debe actuar como la embajada de Dios en la tierra en representación del cielo. Sin embargo, hoy día la ausencia de discípulos del reino es evidente por la división que hay en nuestras iglesias. Para muchos, el compromiso con la identidad racial, la división de clases y la afiliación política tiene prioridad sobre el compromiso con el reino.

Creo que la incapacidad de la iglesia para producir discípulos ha conducido al surgimiento de la psicología pop secularizada y contemporánea con un barniz cristiano. También ha derivado a un nivel de sincretismo como poco hemos visto antes. El sincretismo es la combinación de elementos del verdadero cristianismo con los de las religiones falsas, lo cual diluye y contamina la fe cristiana. Sin embargo, la realidad de una religión tan confusa y engañosa ciertamente no exime a los creyentes individuales de su responsabilidad personal de seguir a Cristo en el camino hacia el discipulado del reino. No obstante, reconoce que, además de la responsabilidad personal, los líderes de la iglesia deben entender el papel de la iglesia como la institución central de Dios en la tierra para que este proceso ocurra. Dios se dirige a la iglesia en las casas antes de dirigirse a la Casa Blanca (1 P. 4:17).

El discipulado en la iglesia

Del mismo modo que un microondas que no funciona es de poca utilidad para las semillas de maíz, las iglesias que no discipulan a sus creyentes dejan de tener una influencia del reino en la cultura a su alrededor. La iglesia es la universidad del discipulado que Dios ha designado oficialmente. Ha sido autorizada para preparar a los seguidores de Cristo a fin de que sean sus representantes y transmitan la perspectiva de su reino a la cultura.

Considero que el camino del discipulado no es tan complejo como lo hacemos parecer. Creo que la iglesia que ofrece las cuatro experiencias vitales, que Dios espera que cada cristiano tenga, ayudará a cada creyente a convertirse en un auténtico seguidor de Cristo. Esas cuatro experiencias vitales son el testimonio de la iglesia, la enseñanza de las Escrituras, el compañerismo entre sus miembros y la adoración a Dios. Veremos cada una en la siguiente sección.

El discipulado es un proceso de la iglesia local que intenta llevar a los creyentes de la infancia espiritual a la madurez espiritual para que luego puedan repetir ese proceso con otros. El objetivo de Dios es que te conviertas en un seguidor visible y verbal de Cristo y luego lo repitas en la vida de otra persona. El propósito de cada cuerpo local de creyentes es convertirse en una iglesia del reino, que haga discípulos del reino y que tenga una influencia de reino en el mundo de manera individual y colectiva.

Tengo tanta convicción en este propósito de la iglesia local que cuando fundamos nuestra iglesia en 1976, redacté la declaración de nuestra misión de tal modo que dijera: Discipular a la iglesia para influenciar al mundo. Si la iglesia no está haciendo discípulos, está en falta y en realidad está funcionando en desobediencia al mandato de la Gran Comisión de hacer discípulos. Del mismo modo, si General Motors no está produciendo automóviles, está en falta sin importar cuán bien se vea el edificio o la fábrica. Esto se debe a que aquello que produces determina tu legitimidad.

El objetivo de Dios es que la iglesia haga discípulos, y la única prueba de que la iglesia está haciendo discípulos es que las personas estén cambiando. Si no están cambiando y madurando en su vida espiritual, eso significa que no hay un proceso de discipulado o que las personas no se están sometiendo a él. Es evidente cuando un niño está creciendo físicamente, porque ese niño experimenta distintos cambios. Cambia de altura, de peso y de capacidad para cuidar de sí mismo. A medida que el niño crece, comienza el desarrollo hasta que se convierte en un adulto. En nuestra vida espiritual, ese desarrollo se llama discipulado.

En nuestras iglesias hoy podemos estar tan atrapados en los programas y la estructura, que perdemos de vista la prioridad del discipulado. Sin embargo, todos los programas del mundo carecen de importancia si no están teniendo como resultado un aumento de discípulos. Una iglesia puede tener estructura, grandes edificios y una gran diversidad de programas, pero si el Espíritu Santo no es libre de guiar a las personas en un proceso continuo de discipulado, en realidad esa iglesia está obstaculizando los objetivos del reino de Dios para su cuerpo de creyentes. Tal inacción limita la obra del Espíritu Santo y le impide transferir el poder y la autoridad del reino al pueblo de Dios, una de las principales responsabilidades del Espíritu (Hch. 1:8).

El resultado son cristianos e iglesias débiles y derrotadas, que tienen poca influencia en las personas que los rodean.

En Hechos 2 nos encontramos con una de las iglesias más dinámicas e influyentes de todas. Esta iglesia es emprendedora y vivaz. No posee un gran edificio ni tiene altoparlantes. Solo tiene el Antiguo Testamento, porque el Nuevo Testamento aún no se ha escrito. Por supuesto, no hay librerías ni ministerios para niños, ministerios para solteros o ministerios para parejas a tiempo completo. Sin embargo, esta iglesia es ferviente.

Su fervor se debe al Espíritu Santo. Al mirar atrás a la dinámica iglesia primitiva, aprendemos una razón clave por la cual la iglesia de Hechos era tan dinámica: tuvo un excelente comienzo. Jesús les había dicho a los discípulos en Hechos 1:8: "No abran una iglesia hasta que venga el Espíritu Santo" (mi paráfrasis). Ellos obedecieron, y el Espíritu Santo se presentó con gran poder en Pentecostés.

Hechos 2 revela que esta iglesia fue muy influyente a la hora de vivir la realidad de ser discípulos de Jesús. Lo hizo a través de cuatro experiencias vitales, inspiradas por el Espíritu Santo, que eran necesarias para aquellos que seguirían a Cristo en el discipulado del reino. Estas experiencias incluyen el testimonio de la iglesia a través de sus miembros (evangelismo), la enseñanza de la Palabra, la comunión y la adoración, y no en un orden particular. Estas experiencias están destinadas a operar simultáneamente en nuestra vida a medida que crecemos y nos desarrollamos.

Los discípulos de la iglesia como testigos y testimonios

Cuando el Espíritu Santo vino en Pentecostés para dar nacimiento a la iglesia en Hechos 2, sucedieron varias cosas. Una fue que la iglesia, bajo la dirección de Pedro, se levantó como un dinámico y audaz testigo de Cristo. El suceso más obvio de la iglesia como testigo en Hechos 2 fue el magnífico sermón que predicó Pedro en Pentecostés. Este es el mismo Pedro que, poco tiempo antes, tuvo miedo de admitir que conocía a Jesús cuando estaba siendo condenado ante el sumo sacerdote.

Ahora, de repente, el Pedro una vez miedoso es un Pedro valiente. ¿Cuál es la diferencia? El Espíritu de Dios. El Espíritu Santo ha tomado control de Pedro, y está a punto de despegar y volar alto en su vida espiritual. Ahora se convertirá en un testigo fiel de Jesucristo junto con los demás discípulos.

Si quieres crecer como un discípulo del reino, debes pedirle al Espíritu Santo que te ayude a abrir la boca y ser un testigo. Tal vez digas: "Pero no me animo. Soy tímido. Soy una persona reservada". Bueno, el hecho es que la mayoría de nosotros solo somos reservados cuando queremos serlo. Conozco a muchas personas "reservadas" que se vuelven muy expresivas y bulliciosas cuando su equipo favorito entra al campo de juego o a un estadio. En otras palabras, cuando sucede algo apasionante en su vida, lo expresan sin que se lo pidan.

Una razón por la que muchos de nosotros, los cristianos, no hablamos de Cristo a otros es porque hemos perdido nuestra pasión por Cristo. Cuando Él te apasiona, no puedes guardártelo para ti. Cuando algo dinámico ocurre internamente, quieres expresarlo externamente. Si eres una persona reservada, si hablar de Cristo a otros es difícil para ti, lee Hechos 4. Después de que las autoridades judías ordenaron a los apóstoles que dejaran de predicar y enseñar acerca de Jesús —y respaldaron la orden con amenazas (vv. 18-21)—, los apóstoles fueron directamente a la iglesia y explicaron la situación. La iglesia se puso de inmediato a orar y le recordaron a Dios su poder y el hecho de que todo esto estaba sucediendo en su plan predeterminado (vv. 23-28).

Luego observa el pedido de oración de la iglesia en el versículo 29: “Y ahora, Señor, mira sus amenazas, y concede a tus siervos que con todo denuedo hablen tu palabra”. Esta es una oración que tú también puedes hacer. Pídele a Dios que te dé el valor de no dejarte intimidar por este mundo que rechaza a Cristo, porque hay personas a tu alrededor que necesitan escuchar las noticias de salvación de Jesucristo.

Si deseas seguir a Cristo como su discípulo, debes ser un testigo. Ya sea en tus acciones o en tus palabras, debes representar al Señor en todo lo que haces. Los creyentes que estaban en el aposento alto y recibieron el Espíritu Santo en Pentecostés se convirtieron en testigos. El resultado de su testimonio y el sermón de Pedro en ese día especial fue la adición de tres mil nuevos creyentes al cuerpo de Cristo. ¡Eso es ser testigo! Y ten en cuenta que esas tres mil personas no vinieron a causa de un programa de evangelización; sino porque el pueblo de Dios se conmovió al sentir la presencia del Espíritu Santo. Estaban apasionados por Jesús.

Su apasionamiento se desbordó hasta contagiar a otros, y muchas personas se salvaron. Y fueron testigos más allá de sus palabras. “Y sobrevino temor a toda persona; y muchas maravillas y señales eran hechas por los apóstoles” (Hch. 2:43). No solo escucharon un mensaje, sino que también vieron el poder de Dios. Tú y yo también podemos, y debemos, mostrar el poder de Dios. Un verdadero discípulo del reino tiene la manifestación del poder de Dios en su vida. Permanecer en Cristo requiere nada menos que eso.

Déjame preguntarte: ¿quién es la última persona a la que le hablaste de Jesucristo? Si no puedes recordarlo, debes considerar si estás creciendo como discípulo de la manera que deberías. Un indicio de una persona que quiere seguir a Cristo, con una absoluta necesidad de ser su discípulo, es ser testigo y dar testimonio en todo lo que hace.

Ahora bien, ser testigo no solo significa hablar de Jesús a todos los que conoces (aunque no hay nada de malo en eso); sino permitir que otros sean testigos del poder de Dios en tu vida, de la paz de Cristo en tu corazón, y más. Incluso podrían preguntarte qué es lo que tienes para vivir de esa manera, lo que luego te abre la puerta para que testifiques de su nombre. Sin embargo, la verdad es que cuando estás apasionado por algo, no necesitas que alguien te pida que le digas de qué se trata. No necesitas un programa o ministerio para hacer algo. Cuando un hombre está apasionado por una mujer, no necesita un programa para llamar por teléfono o quedarse en silencio en esa llamada cuando se acaben las palabras. No necesita un recordatorio para enviarle un mensaje de texto o mostrar a otros una foto de ella. Hace todo eso porque su amor por ella es totalmente genuino y profundo.

La iglesia es la chimenea de Dios, que enciende a sus miembros como discípulos del reino.

Sin embargo, muchos miembros de la iglesia han perdido su fuego. Por eso necesitamos un programa de evangelización en gran parte de las iglesias hoy. Sin ese fuego, tenemos que insistir, motivar e inspirar a las personas para que hablen de Jesús cuando deberían hablar de Él ¡solo porque Él es Jesús!

La iglesia debe ser la chimenea de Dios y encender a sus miembros como discípulos del reino. La pregunta clave que cada iglesia debería responder no es "¿cuántos miembros tenemos?"; sino "¿cuántos discípulos estamos haciendo?". La membresía debería ser una introducción al discipulado ferviente.

Los discípulos de la iglesia mediante el estudio y el crecimiento en la Palabra

Además de ser testigos dinámicos, los primeros creyentes crecían en su conocimiento de la Palabra de Dios. Escuchaban continuamente la enseñanza de la Palabra y la ponían en práctica. En Hechos 2:42 leemos: "Y perseveraban en la doctrina de los apóstoles". ¿Con qué frecuencia lo hacían? Este pasaje dice que perseveraban "cada día" (v. 46) y, del mismo modo, las personas se salvaban cada día. ¿Puedes ver la correlación? Las personas se salvaban todos los días. Los seguidores escuchaban la enseñanza de la Palabra de Dios todos los días. Una cosa incidía en la otra.

Para vivir como un discípulo del reino, la Palabra de Dios debe ser tan necesaria y deseable para el espíritu como lo es la comida para el cuerpo. De hecho, cuando se trata del alimento espiritual, algunos de nosotros adelgazamos rápidamente. Algunos cristianos pierden kilos que no pueden darse el lujo de perder. Algunos ya están escuálidos. ¿Por qué? Porque reciben poca o ninguna nutrición.

La Palabra de Dios está diseñada para alimentar al creyente. La iglesia debe enfatizar que las Escrituras nos preparan para la vida cristiana. Tu mente es clave para convertirte en un discípulo, porque eres lo que piensas (Pr. 23:7). Si tienes una mente desordenada, vas a tener una vida desordenada. El cuerpo refleja el proceso de pensamientos de la mente, y muchos de nosotros hemos entrado a la vida cristiana con una mente deformada, contaminada por el sistema impío de este mundo. Tenemos una mente que debemos renovar (Ro. 12:2). Solo entonces tendremos una vida transformada.

Si quieres corregir tu comportamiento, primero debes corregir lo que piensas de tu comportamiento. La mente transformada viene a través del estudio y la práctica de las Escrituras.

La mente transformada viene a través del estudio y la práctica de las Escrituras.

Muchos de nosotros tenemos hábitos de los cuales queremos deshacernos; pero decimos "no puedo", porque el enemigo nos ha hecho creer eso. El enemigo nos ha lavado el cerebro para que creamos que nunca tendremos la victoria en esa área. Sin embargo, la Palabra de Dios puede cambiar ese hábito, si nos alimentamos regularmente de la misma manera que alimentamos nuestro cuerpo. Los creyentes en Hechos 2 se dedicaban a la enseñanza o la doctrina de los apóstoles: la fuente original de las Escrituras. Todavía no se había escrito el Nuevo Testamento. De modo que la doctrina de los apóstoles era la Palabra de Dios de una fuente fidedigna.

Si quieres convertirte en un discípulo del reino, debes tener una experiencia dinámica con la Palabra de Dios. Dios tiene que empezar a borrar las cintas viejas de tu mente, tu antigua manera de pensar. Una forma de borrar una cinta vieja es grabar material nuevo sobre el viejo. La información que Dios quiere que se grabe en tu corazón y tu mente es su Palabra. Por eso memorizar pasajes de la Biblia es una herramienta de enseñanza muy poderosa. Los versículos que memorizas están almacenados en la unidad de memoria de tu mente.

No puedes crecer más allá de lo que conoces. "Conoceréis la verdad, y la verdad os hará libres" (Jn. 8:32). Debes conocerla para que te haga libre. El propósito del discipulado es conocer la perspectiva de Dios sobre cada asunto de la vida. No te transforma saber cuál es la opinión de tu iglesia, tu pastor o un miembro de tu familia. Lo que te transforma es conocer la verdad. El trabajo de la iglesia es ofrecer la perspectiva divina sobre cada aspecto de la vida.

El Espíritu Santo a menudo se conoce como el Espíritu de verdad (Jn. 14:17; 15:26; 16:13). Esto se debe a que Él solo opera dentro de los parámetros de la verdad. De modo que si los pastores y líderes espirituales no están comunicando la verdad a lo largo y a lo ancho de nuestra tierra, entonces falta el fluir del Espíritu Santo. La razón por la cual la iglesia de Jerusalén estaba tan viva en el Espíritu era porque los cristianos estaban comprometidos con la verdad.

¿Qué le responderías a un médico que está a punto de operarte y te dice: "Bueno, creo que debería cortar aquí, ¿te parece?"? ¿O qué le dirías a un farmacéutico que tiene que entregarte tu medicamento y te dice: "Creo que este podría ser el indicado"? ¿O qué tal un piloto de avión que dijera: este "podría" ser el comando a pulsar?

Probablemente, no irías a ese médico ni a esa farmacia ni volarías en ese avión. ¿La razón? Porque estás comprometido con la verdad, y quieres a alguien que también esté comprometido con la verdad... y que la conozca.

De la misma manera, cuando se trata de tu vida espiritual, no quieres adivinar o ser un objeto de ensayo o predicaciones y enseñanzas de investigación. Debes colocarte bajo un discipulado y mentores que conozcan y practiquen la verdad. Todo el trabajo de los apóstoles en el tiempo de la iglesia de Hechos fue enseñar la Palabra de Dios y orar. Dedicaron sus vidas a eso. En este tiempo, muchos de nuestros líderes espirituales pasan demasiado tiempo en la construcción de edificios, en la organización de programas y todo tipo de cosas que los alejan del estudio y la proclamación de la Palabra de Dios.

Cada uno de nosotros (no solo los que tienen el llamado maravilloso de enseñar la Palabra de Dios) necesita dedicar su tiempo y energía al estudio de la Palabra de Dios a través de la enseñanza del Espíritu Santo.

La labor del Espíritu Santo es revelarte el conocimiento y la aplicación práctica de la Palabra de Dios. Jesús dijo que el Espíritu Santo nos recordaría todo lo que Él enseñó (Jn. 14:26). Pablo escribió una palabra poderosa sobre cómo vencer al diablo y sus intentos de destruir nuestra vida espiritual:

> Pues aunque andamos en la carne, no militamos según la carne; porque las armas de nuestra milicia no son carnales, sino poderosas en Dios para la destrucción de fortalezas, derribando argumentos y toda altivez que se levanta contra el conocimiento de Dios, y llevando cautivo todo pensamiento a la obediencia a Cristo (2 Co. 10:3-5).

Observa las palabras y las frases que Pablo usa aquí. Satanás intenta levantar argumentos y otras acusaciones "contra el conocimiento de Dios". ¿Cuál es la mejor defensa contra el intento de Satanás de cautivar tus pensamientos? Llevar "cautivo todo pensamiento" a la obediencia a Cristo. ¡Encierra tus pensamientos dentro del conocimiento de Dios, que solo se encuentra en la Palabra de Dios!

Esto es decisivo, porque apenas comiences a pensar como el mundo, como todos piensan, empezarás a tener pensamientos de derrota. Muchos creyentes están siendo derrotados por su manera de pensar. Han permitido que Satanás y el mundo, en lugar de Cristo, capturen sus pensamientos. Si quieres ser un discípulo maduro de Jesucristo, debes hacer el esfuerzo consciente de alimentarte de su Palabra. No harás mucho con las palabras de ayuda o aliento de la cultura.

Pablo dice que el objetivo de llevar cautivos nuestros pensamientos es que podamos ser obedientes a Cristo (2 Co. 10:3-6). Necesitas conocer la Palabra de Dios para poder vivirla. No estudias y aprendes la Biblia para poder pasar exámenes. Solo cuando pones la Palabra en práctica se convierte en parte de tu experiencia. Así como el individuo que está tramitando su licencia de conducir puede estudiar el manual del conductor todo el día y conocer la teoría, necesita más que conocer lo que dice el manual; en realidad no aprenderá a conducir hasta que se suba al auto con un instructor y arranque.

Entonces, cada vez que tú y yo abrimos la Palabra de Dios, nuestra oración debería ser: "Señor, muéstrame lo que quieres que haga", no solo, "muéstrame lo que quieres que sepa". Cada domingo que vas a la iglesia, tu oración debería ser: "Señor, abre tu Palabra y háblame para saber qué decisiones debo tomar en mi vida". La oración debe estar íntimamente ligada al estudio de la Biblia.

Si quieres seguir a Cristo, si deseas que el discipulado sea una realidad en tu vida, necesitas una iglesia que te ayude a desarrollar un apetito insaciable por la Palabra de Dios. Debes cultivar amor por la Palabra. Si en este momento no tienes ese amor, esa hambre, no lo falsifiques. Ve al Señor y ora con sinceridad: "Señor, dame apetito por tu Palabra. Haz que sea más valiosa y preciada para mí que los alimentos que consumo para fortalecer mi cuerpo". Para adquirir gusto por el estudio de la Biblia, tendrás que disciplinarte y sentarte a leer, ya sea que tengas ganas de hacerlo o no. Mientras más tiempo pases leyendo la Palabra, más la entenderás. Y cuanto más la entiendas, más querrás leer.

Sabes que te estás convirtiendo en un discípulo del reino cuando lees la Palabra todos los días. No solo esperas hasta el domingo para que te alimente otra persona. Sabes que estás madurando cuando aprendes a alimentarte tú mismo. Cuando la Palabra de Dios es preciosa para ti, vas por buen camino. La iglesia debe encender el fuego; tú debes avivar la llama.

Una comunión que te cambia la vida

La tercera experiencia vital de seguir a Cristo es tener comunión (Hch. 2:42). La palabra griega para comunión es *koinonia*, que significa "tener algo en común con los demás". Significa ser parte de una familia en común. La comunión es compartir nuestra vida con otros creyentes. Entonces, la comunión bíblica no es solo café y galletas en la escuela dominical o una comida en la sala de confraternidad.

Nunca crecerás hasta la plena madurez en Jesucristo tú solo. No existe un cristiano "llanero solitario", que sea un discípulo activo y que crezca en el Señor. Jesús no nos enseñó a orar: "Padre mío que estás en el cielo"; sino "Padre nuestro que estás en los cielos".

No puedes convertirte en un discípulo de Jesucristo aislado de los demás. Por eso la iglesia es tan importante. Es la "chimenea" donde una leña toca a otra y se mantiene el fuego. De hecho, la iglesia en Jerusalén no solo compartía sus vidas con los demás; sino sus posesiones también y así suplían cualquier necesidad que surgiera (Hch. 2:44-45). Eso también es parte de la comunión.

El verdadero discipulado solo tiene lugar cuando participas activamente en la comunión con otros creyentes (Ef. 4:16; 1 Co. 12), razón por la cual el autor de Hebreos dice que no debemos dejar de reunirnos con otros creyentes. Cuando nos congregamos, podemos estimularnos unos a otros en el amor y las buenas obras (ver He. 10:24-25). Un cristiano sin iglesia es un cristiano desobediente y egoísta, que está limitando su propio desarrollo y su experiencia de autoridad espiritual.

Si te estás estancando en tu vida espiritual, necesitas estar cerca de otros que estén ardientes para que su fuego pueda avivar el tuyo. Si tu fuego espiritual se apaga y estás solo, te convertirás en cenizas. Entonces, la pregunta que debemos hacernos es: ¿estamos unidos a otros creyentes que también desean estar ardientes? La comunión está destinada a mantener el fuego encendido. No había tal cosa como un cristiano que no se congregara en la iglesia primitiva; sino que participaban dinámicamente de la comunión unos con otros. Si eres un cristiano de "callejón sin salida" (donde todo gira alrededor a ti) en vez de ser un "cristiano canal" (donde el amor de Dios fluye a través de ti a los demás), nunca vivirás plenamente como un discípulo del reino.

Nos necesitamos unos a otros, porque lo mejor de nosotros puede ser espiritualmente muy aburrido. Los mejores cristianos a veces quieren tirar la toalla. Los mejores cristianos a veces caen. "Así que, el que piensa estar firme, mire que no caiga" (1 Co. 10:12), porque la caída está a la vuelta de la esquina.

Tú y yo debemos desarrollar una relación vital con otros santos que puedan sostenernos; pero desdichadamente, muchas personas han intercambiado relaciones por entretenimiento. Fíjate que cuando te están entreteniendo, no tienes que hacer nada. Simplemente, te sientas y dejas que alguien te divierta.

Las relaciones son difíciles. Dan trabajo. El entretenimiento es fácil. Todo lo que necesitas es una silla y un control remoto. Por eso muchas personas y familias se esconden frente a la televisión o en sus tabletas o teléfonos inteligentes, que son los grandes asesinos de las relaciones.

Creo que estas cosas son el mayor obstáculo para poder desarrollar relaciones dinámicas. Familias enteras jamás hablan entre sí, porque todos están en una habitación diferente mirando algo diferente. Eso también sucede en la familia de la iglesia. La comunión no sucede sola. Tienes que planificar momentos de comunión y reservar tiempo para cultivar amistades con otros creyentes.

Las relaciones son difíciles. Dan trabajo. Tienes que reservar tiempo para cultivar amistades con otros creyentes.

Aquí hay algo más acerca de la comunión bíblica. La comunión no es comunión si Jesucristo no está incluido en la conversación. Si me invitas a ver un partido de fútbol y lo único que hacemos es mirar el partido y comer, no tuvimos comunión. La comunión siempre está destinada a estimularse unos a otros espiritualmente, edificarse unos a otros en la fe y animarse unos a otros. La verdadera comunión siempre tiene un objetivo espiritual: hablar unos con otros de la vida de Cristo.

Eso no significa que no pueda haber comida. Hechos 2:46 revela que hubo muchas comidas de comunión en los primeros días de la iglesia. Tendremos una gran comida de celebración y comunión en el cielo (Ap. 19:9); pero el objetivo no es tan solo reunirse, comer y llamar a eso comunión. Una comida solo presenta el contexto natural para la comunión. La pregunta es qué sucede y de qué hablamos cuando estamos juntos. Deberíamos sentirnos fortalecidos y animados en la fe cuando nos vamos de un tiempo de comunión.

La verdadera comunión bíblica también incluye visiblemente

rendir cuentas. Por eso nos referimos a la iglesia como un cuerpo (1 Co. 12:1-31; Ef. 4:11-16; Ro. 12:4-6). Un cuerpo solo puede funcionar correctamente cuando todos sus miembros están unidos y se apoyan y se sirven mutuamente. Cuando los cristianos no rinden cuentas ante los líderes y otros miembros de la iglesia local, no está teniendo lugar un verdadero discipulado.

A medida que nos hemos vuelto más prósperos e independientes, perdimos nuestra necesidad el uno del otro. La comunión en la Biblia fue diseñada para mostrarnos que necesitamos de otros creyentes. No puedes hacerlo tú solo. Yo tampoco. Dios diseñó la iglesia para que sea un lugar de comunión, un entorno donde las personas se relacionen. Si vienes a la iglesia solo para sentarte, empaparte de la Palabra y amargarte en tu banco, entonces no estás viviendo realmente como un discípulo del reino. Cuando Dios le dijo a Abraham que lo bendeciría, le dijo que también bendeciría a otros a través de él. Una bendición no debe detenerse en ti. Ser un discípulo del reino significa que estás dispuesto a vivir en relación con otros, aprender de ellos y también enseñar con el ejemplo, compartir la vida unos con otros para que cada uno pueda ser estimulado a las buenas obras en el Señor y la madurez espiritual.

Honra a Dios con tu adoración

Por último, pero no menos importante, un discípulo del reino adora a Dios. De nuevo, en Hechos 2:42, los creyentes perseveraban "en el partimiento del pan [celebraban la cena del Señor] y en la oración". En el versículo 46 leemos que iban al templo todos los días y alababan a Dios (v. 47). En el proceso, el egoísmo empezó a quedarse en el camino (Hch. 2:44-45).

La adoración es el horno de la vida espiritual y de una iglesia que hace discípulos. La adoración es básicamente el reconocimiento de Dios por lo que Él es, lo que ha hecho y lo que creemos que hará. Dios es el centro de la adoración. Por lo tanto, la cuestión en la adoración no es necesariamente lo que obtienes de ella. Lo más importante es lo que Dios recibe de ella. La adoración no comienza con lo que Dios hace por ti hoy; sino con lo que tú haces por Él.

Alabar a Dios, adorarlo y exaltarlo por quién es Él y lo que hace es la manera de llamar la atención de Dios; porque Él responde a nuestra adoración. De hecho, Dios nos invita a adorarlo. Él ha tomado la iniciativa. Te sorprenderá la forma en que el Espíritu de Dios encenderá tu vida cristiana cuando la adoración no sea solo una actividad, sino una experiencia; no un programa, sino un estilo de vida. Eso incluye tanto la adoración pública como privada, porque ambas son decisivas para el crecimiento de los discípulos de Jesucristo.

No importa lo que esté mal en tu vida, siempre hay una razón para adorar y alabar a Dios. No me malinterpretes: alabar a Dios no significa negar que tienes un problema. Si lo tienes, lo tienes. Pero ¿qué dice Pablo? "Por nada estéis afanosos, sino sean conocidas vuestras peticiones delante de Dios en toda oración y ruego, con acción de gracias" (Fil. 4:6). Si quieres el poder de Dios en tu vida, entonces la adoración debe ser parte de tu vida diaria; exaltar a Dios y gozarte en Él por quién es Él y lo que ha hecho.

Entonces, ¿qué sucede cuando te conviertes en un cristiano que es testigo, aprende la Palabra, tiene comunión con otros y adora? Si esas cuatro experiencias son parte de tu vida cristiana normal, te garantizo que progresarás en tu discipulado. Ten cuidado con el creyente que ignora una o más de estas áreas.

Cuando un cristiano no asiste a la iglesia regularmente, algo está fallando en su vida. Cuando él o ella no desean estar con otros cristianos, algo está mal. Cuando esa persona descuida la Palabra y no habla de Jesucristo semana tras semana, algo está fallando. Sin embargo, cuando nos sometemos al Espíritu de Dios para que cultive estas áreas en nosotros, pasan cosas interesantes. Los creyentes de la iglesia primitiva eran fuertes en estas cuatro áreas, y al menos sucedieron dos cosas. Recibieron poder espiritual y vieron resultados espirituales.

"Todos estaban asombrados" (Hch. 2:43, NVI). Estaban asombrados de las maravillas que Dios estaba haciendo en medio de ellos. Esto no significa que todos hacían milagros. Los apóstoles hacían los milagros, pero todos estaban asombrados. Todos tenían la sensación de que Dios estaba obrando de una manera poderosa.

¿Cuáles fueron los resultados? Las actitudes egoístas disminuyeron (Hch. 2:44-45). Cada uno se empezó a interesar en el otro. Compartían unos con otros. Entonces, las personas se convertían y eran salvas todos los días como resultado del ministerio dinámico de esta iglesia (v. 47). Y permíteme reiterar que nada de esto ocurrió debido a un programa. Estos fueron los resultados de su rebosante experiencia con Dios. Las cosas estaban sucediendo tan rápido que no había tiempo para desarrollar programas. No estoy en contra de los programas, pero los programas nunca pueden reemplazar la experiencia del Espíritu. Mi carga y mi visión para cada iglesia local es que sus miembros se sientan más atraídos a experimentar a Dios que a hacer programas para Dios. La iglesia es como un matrimonio. No puedes programar tu matrimonio y esperar encontrar la felicidad. Tú y tu cónyuge pueden salir todos los viernes a la misma hora; pero sin una interacción dinámica en la relación conyugal, los programas solo los llevarán al aburrimiento.

Podemos estructurar la iglesia con tanta fuerza que incluso

el Espíritu de Dios no pueda fluir y encontrar un espacio en el programa. El Espíritu Santo es la fuente de poder menos utilizada en la tierra. Es hora de que soltemos el poder del Espíritu Santo a través del discipulado bíblico para que haga su obra de transferir la autoridad de Jesús al pueblo de su reino. Mi deseo para ti es que no abordes las cuatro experiencias vitales del proceso del discipulado tan solo como una fórmula: mezcla esto y aquello, echa una pizca de lo otro y tendrás un discípulo maduro del reino.

En cambio, deseo que el Espíritu de Dios te permita hacer de estas experiencias una viva realidad mientras buscas seguir a Cristo y convertirte en su discípulo en el contexto de tu iglesia local.

Además, no trates de hacer tuya la experiencia o la rutina espiritual de otra persona. Dios no está tratando de hacer que todos actuemos igual. Tenemos un objetivo en común, ser discípulos del reino totalmente comprometidos, pero no todos lo logramos exactamente de la misma manera.

Capítulo 12

La comunidad

Como discípulos de Cristo, los creyentes debemos ejercer influencia y autoridad como ciudadanos del reino en nuestras comunidades. Los ciudadanos del reino son seguidores visibles y verbales así como representantes oficiales de Jesucristo. Deben aplicar constantemente los principios del cielo a las preocupaciones y necesidades de la cultura. De hecho, son discípulos del reino en la tierra, en anticipación al reino venidero de Cristo en la tierra.

Jesús señala claramente el papel de los discípulos del reino en el Sermón del Monte cuando exhorta a sus discípulos a ser la sal de la tierra y la luz del mundo (Mt. 5:13-16). Como sal de la tierra, los discípulos del reino pueden usar su influencia para frenar la corrupción que envuelve a la sociedad a causa del pecado. Deben hacer esto igual que en los tiempos bíblicos cuando se usaba la sal como conservante para evitar la descomposición de bacterias en la carne. Si nuestras comunidades se están pudriendo a nuestro alrededor, es porque los creyentes no funcionan como los discípulos del reino que Él los llamó a ser para beneficiar al mundo que los rodea.

Como luz, los discípulos del reino deben ser seguidores de

Cristo visibles y verbales a fin de disipar la oscuridad que hay a su alrededor. Los discípulos del reino no deberían ser agentes cristianos secretos ni representantes de la CIA espirituales. Si se los acusara de ser cristianos, debería haber suficiente evidencia para condenarlos por su influencia e impacto en el mundo.

Como representantes del reino debidamente autorizados, capacitados por la iglesia, debemos representar al Rey mientras cumplimos nuestra misión con la presencia y el poder de nuestro Señor. Recuerda que Él es el Señor sobre todas las cosas a través de la iglesia (Ef. 1:22-23).

Esto significa que los creyentes debemos considerarnos discípulos del reino mientras trabajamos como maestros, administradores, ingenieros, conserjes, secretarios, abogados y entrenadores. Cualquiera que sea nuestra carrera laboral, debemos anunciar "las virtudes de aquel que [nos] llamó de las tinieblas a su luz admirable" (1 P. 2:9).

Los discípulos del reino, las buenas obras y la comunidad

La manera principal de influir e impactar a las comunidades donde vivimos —según declaró Jesús— es a través de nuestras buenas obras, tanto individuales como colectivas. Las buenas obras van más allá de hacer cosas buenas. No tienes que ser cristiano para hacer cosas buenas. Los no salvos pueden construir orfanatos, casas, dar dinero y visitar a los enfermos. Las buenas obras, por otro lado, son actividades divinamente autorizadas que benefician a otros, por las cuales Dios recibe la gloria. Esto significa que lo espiritual está directamente relacionado con lo social.

Un médico que representa a Cristo, entonces, no es solo un médico, sino más bien un representante de Dios en el campo de la medicina, a fin de que quienes trabajan en este campo vean cómo es Dios cuando sana a las personas heridas. De modo que un abogado no es solo un abogado. Más bien, es un representante de Dios en el colegio de abogados, para que los que pertenecen a este ámbito profesional vean cómo es Dios cuando resuelve un caso. Por lo tanto, un maestro de escuela es más que un maestro, es un representante de Dios en el aula que demuestra cómo es Dios cuando transmite un conocimiento. En otras palabras, los discípulos del reino están inteligentemente disfrazados de diversas maneras mientras usan sus dones, capacidades y oficios en su participación comunitaria, compromiso político y responsabilidad social para mejorar las vidas de las personas y promover la causa de Cristo y su reino.

Ya sea al orar por y con compañeros de trabajo en dificultades, al alimentar o albergar a los pobres, al entrenar a un equipo de la liga infantil de algún deporte, al protestar por la injusticia o llevar a cabo una infinidad de otros actos benéficos, los discípulos del reino ayudan a mejorar las vidas de las personas que están bajo su influencia. Hacen esto no solo con palabras, sino también con hechos y de esa manera mejoran las vidas de las personas en nombre de su Rey y su reino.

> *Los discípulos del reino usan sus dones en su participación comunitaria y responsabilidad social para promover la causa de Cristo y su reino.*

Uno de los retos que hemos presentado a cada uno de los miembros de nuestra iglesia en Dallas es que le pidan a Dios que les muestre una persona que esté sufriendo por quien puedan sentir compasión y que luego traten de suplir la necesidad de esa persona. Cuando ayudan a esa persona, deben entregarle una tarjeta que diga "acabas de experimentar un acto ocasional de bondad; si necesitas esperanza, visita el sitio web de nuestra iglesia" y luego brindarles la información de nuestra iglesia.

Se ofrecen a orar con la persona por cualquier necesidad que expresen y luego buscan la oportunidad de predicarles el evangelio. A medida que miles de nuestros miembros hacen esto, los discípulos del reino sienten la presencia y el impacto de nuestra iglesia en la comunidad de una manera positiva. Es la principal responsabilidad de una iglesia del reino desarrollar ciudadanos del reino que ejerzan una influencia positiva en la sociedad a través de sus buenas obras. Cuando no hacemos esto, experimentamos la propagación desenfrenada del mal en toda nuestra tierra.

Por ejemplo, crímenes de odio, como los incendios de iglesias acontecidos en toda nuestra nación, no son nada nuevo y revelan la temperatura racial subyacente en nuestras comunidades. Comenzaron como una forma de aterrorizar a las congregaciones negras locales por parte de aquellos que los rechazan. Aún tienen lugar hoy día, junto con un alza en los levantamientos, las protestas y las revueltas en ciertas comunidades.

Los discípulos del reino, la compasión y la injusticia racial

He estado hablando y escribiendo sobre cuestiones raciales durante cinco décadas y parece que este hervidero de división en nuestro país, a pesar del progreso significativo hacia la unidad de diversas maneras, continúa ardiendo más que nunca. La brutalidad policial, la injusticia, la vida no equitativa y las instituciones educativas alimentan esta llama. Las formas pueden haber cambiado, pero la ira y el odio (en ambos lados de esta moneda racial) permanecen.

Los incendios de iglesias tuvieron lugar no muy lejos de donde yo vivía en Dallas a mediados de la década de 1990. En ese momento, una comunidad en particular en Greenville, Texas, estaba siendo atacada y varias iglesias fueron quemadas por completo. En respuesta, funcionarios de la ciudad, líderes de la iglesia y voluntarios de la comunidad de todas las razas se unieron en un esfuerzo por unificar a una comunidad dividida.

Me invitaron a asistir y hablar en una reunión de la ciudad celebrada en el estadio de fútbol de la escuela secundaria local. Más de cinco mil miembros de la población de Greenville llenaron los asientos del estadio. Estaban representados individuos de las comunidades negras y blancas. Mientras conducía a Greenville ese día, consciente de la ardua batalla que enfrentaba esta comunidad hacia la reconciliación, esperaba presentar una estrategia de reunificación a través de un plan a largo plazo centrado en la filosofía de la agenda del reino.

El entonces gobernador George W. Bush, quien más tarde se convertiría en el cuadragésimo tercer presidente de los Estados Unidos, también había recibido la invitación de dar un mensaje aquella tarde a una ciudad desgarrada por la discordia racial y el odio. No había conocido al gobernador Bush antes de ese momento, pero ese día nació un espíritu afín en ese estadio de fútbol por el deseo compartido de ver a las comunidades restauradas.

Este espíritu afín resonó tan profundamente que, en sus propias palabras, el presidente Bush dijo que ese día había dejado una huella en la política pública nacional:

> Conocí a Tony hace catorce años en una convocatoria en Greenville, Texas... Las palabras de Tony no solo ayudaron a

> calmar los temores en Greenville, sino que también me inspiraron a comenzar una iniciativa de principios cristianos. Mi primera orden ejecutiva como presidente en la oficina de la Casa Blanca fueron iniciativas comunitarias de principios cristianos que allanaron el camino para que grupos religiosos solicitaran fondos federales y de servicios sociales. Cuando dejé el cargo, más de cinco mil organizaciones religiosas, en su mayoría pequeñas instituciones benéficas, habían recibido subvenciones federales.[1]

Me siento honrado y privilegiado de que Dios me usara para que lo que se había pensado para el mal, el incendio de iglesias en Greenville, redundara para el bien de toda nuestra nación a través de las iniciativas comunitarias cristianas. Desde el año 2001, un número mayor de vidas se vieron afectadas positivamente debido a esta asociación única de prestación de servicios sociales a través de la iglesia.

La naturaleza integral de esta iniciativa permitió el respaldo de diversas líneas políticas.

Greenville generó la perspectiva nacional de satisfacer las necesidades sociales a través de estas iniciativas cristianas hace unos veinte años; sin embargo, fue solo la respuesta de una estrategia que se había llevado a cabo años antes. Para mí, Greenville era solo una más en una larga lista de comunidades que enfrentaban la tensión racial y la división.

Con frecuencia me han pedido que me dirija a comunidades y ciudades sobre el problema de la división en las últimas tres décadas, a veces en pequeñas congregaciones de iglesias locales y otras veces en estadios de fútbol llenos de veinte mil personas de la comunidad.

---

1. Presidente George W. Bush, "Dallas Life Legends of Service", ceremonia de entrega de premios en Dallas, mayo de 2010, video (productor).

Cualquiera que sea el tamaño, el plan es extensible y estoy convencido de que compartimos la misma visión por encima de nuestra división racial. Sin embargo, lo que nos falta es la implementación de una estrategia organizada y cohesiva sobre cómo lograr el cumplimiento de esa visión. Cuando menos del 10% de la población puede afectar las políticas públicas y el clima cultural como vimos en la legalización del matrimonio entre personas del mismo sexo, me pregunto por qué la iglesia, que comprende un número mucho mayor, está teniendo tan poco impacto.

Una de las principales razones por las que no estamos teniendo impacto es porque no nos unimos en un objetivo u objetivos comunes. Rara vez salimos de los muros de nuestra iglesia y nos unimos a las armas colectivas para generar un impacto duradero. Sin embargo, eso es esencial si queremos cambiar nuestra cultura e influenciar nuestras comunidades como discípulos del reino por el bien de los demás y para la gloria de Dios. Como discípulos de Cristo debemos ser sal y luz a través de nuestras buenas obras. Debemos ser ciudadanos del reino que impacten e influencien a nuestras comunidades (Mt. 5:13-16). Un ciudadano del reino es un seguidor visible y verbal de Jesucristo que constantemente aplica los principios del cielo a las preocupaciones de la cultura.

La pieza central del plan de Dios para la humanidad siempre ha sido discípulos del reino que influyen en la sociedad. Cuando mandó a Adán y Eva que fueran fructíferos y se multiplicaran (Gn. 1:26-28), Dios no estaba hablando solo de repoblar la raza humana, sino de reproducir su imagen a través de la propagación de la raza humana en la tierra. Esta imagen debía reproducirse incluso a escala nacional, con la misión de traer al pueblo bajo el gobierno de Dios y transferirlo a otras naciones (Dt. 4:5-8). Por lo tanto, la Gran Comisión no es más que la continuación de la agenda de este reino en el mundo a través de la iglesia y los discípulos que la iglesia reproduce.

La influencia del reino en la cultura

Ahora bien, por supuesto, ejercer influencia en la comunidad implica más que el problema de la desunión racial. Lo uso solo como una ilustración para presentar el tema en general. Que Dios te use a ti y a tu iglesia para influenciar a tu comunidad como un discípulo del reino podría abarcar la injusticia racial y mucho más, incluidas la pobreza, la opresión, la falta de vivienda, la enfermedad, el crimen, o la falta de educación. Debemos buscar el bienestar de las comunidades en las que vivimos para mejorar las condiciones de quienes nos rodean (Jer. 29:7). Debemos promover la rectitud y la justicia en la sociedad mientras predicamos las buenas nuevas del evangelio de Jesucristo.

Para comprender el impacto potencial de la iglesia y los discípulos del reino en una comunidad, consideremos lo que dice la Biblia sobre la causa de la agitación social en la vida de una comunidad o una nación.

Durante el reinado del rey Asa, la nación de Judá se encontraba en medio de un caos social generalizado. Las naciones se levantaban una contra la otra en un conflicto internacional. Ciudades se levantaban una contra la otra en un conflicto urbano. "No hubo paz, ni para el que entraba ni para el que salía" (2 Cr. 15:5). Problemas de alta delincuencia y seguridad afectaban a todos. Tras una reflexión inicial, se podría pensar que Satanás estaba detrás de este caos. Sin embargo, quedó demostrado que Dios era responsable de dicho caos en la sociedad (v. 6).

La tesis es simple. Si Dios permite los problemas en la sociedad, solo Dios es la solución. No importa quién es elegido para el cargo o qué legislación se aprueba. Ni siquiera importa qué nuevas iniciativas económicas u oportunidades educativas se pongan en marcha. El presidente y los legisladores pueden tener buenas ideas, pero si Dios está orquestando el caos, hasta que se arreglen cuentas con Él, no se habrá tratado con la raíz causante de los males sociales.

Al igual que la cultura que imperaba en el momento de 2 Crónicas, estamos experimentando caos en nuestra sociedad de hoy. Tenemos un conflicto internacional (nación contra nación), un conflicto urbano (ciudad contra ciudad) y un conflicto individual (sin paz).

¿Por qué permitió Dios tal caos en la sociedad? El escritor de las Crónicas revela: "Muchos días ha estado Israel sin verdadero Dios" (v. 3). Esto no significa que no había religión, adoración, lectura de la Biblia o programas en el templo; sino que la cultura no reconocía al único Dios verdadero, porque no había sacerdotes que enseñaran al pueblo y lo llevaran en esa dirección. Judá tenía muchos sacerdotes, pero no estaban comunicando la verdad de Dios. El templo había perdido su influencia. El resultado fue que no había ley, por lo tanto el pueblo no tenía una verdadera representación de la autoridad de Dios o de su gobierno sobre la humanidad. No existía un sistema de rendición de cuentas que ayudara a imponer o alentar un comportamiento correcto y saludable, y así se produjo el caos.

> *Si queremos resolver el caos y la agitación, debemos actuar en el reino espiritual e invisible.*

Si queremos resolver el caos y la agitación en el ámbito físico y visible, debemos actuar en el reino espiritual e invisible: proclamar y practicar la Palabra de Dios. De lo contrario, las causas espirituales del caos podrían continuar indefinidamente. Esta es la razón por la cual la solución al declive de la cultura era que el pueblo de Dios regresara a Él (2 Cr. 7:14; 15:4). La ausencia de discípulos del reino en la cultura conduce inevitablemente a la decadencia y la desintegración social (Gn. 18:20-33).

Sin embargo, ejercer influencia en nuestra cultura no es fácil. Como dijo una vez Martin Luther King Jr.: "El progreso humano no es automático ni inevitable... Cada paso hacia la meta de la justicia requiere sacrificio, sufrimiento y lucha; el esfuerzo incansable y el interés apasionado de individuos dedicados".

Dado que solo la iglesia ha recibido las llaves del reino (Mt. 16:18-19), es el canal principal mediante el cual Dios extiende el dominio de su reino en este mundo a través de los discípulos del reino. Las iglesias locales con mentalidad de reino deben estar dispuestas a trabajar juntas para tener un programa integral que reúna lo espiritual con lo social. Las iglesias deben trabajar juntas para extender su influencia más allá de sus paredes individuales a fin de ejercer mayor influencia en las comunidades a las que sirven.

El principio es claro. Mientras más la iglesia ejerza la influencia de Dios en la cultura, más disciplinada será tal cultura. Con frecuencia nos conformamos con reunirnos en nuestras iglesias o grupos locales para tener comunión y estudiar, pero la verdadera influencia requiere unidad: la unidad del cuerpo de Cristo.

Aquí hay cuatro preguntas que nos ayudarán a medir nuestra influencia en la nación. ¿Nos hemos reunido en nuestra nación, como grupos para trabajar juntos en lograr una influencia integral en la comunidad? ¿Alguna vez hemos hecho esto de manera colectiva e integral con la unidad de los líderes espirituales de nuestra nación? A estas dos primeras preguntas, la respuesta es no. ¿Alguna vez hemos logrado tal influencia a través del mandato del amor de Dios? No, que yo sepa.

Finalmente, ¿realmente hemos experimentado la mano de Dios en un impacto nacional a gran escala en el último siglo? También diría que no. Si queremos ejercer una influencia colectiva como discípulos del reino, tenemos que dejar de lado agendas personales, organizaciones, denominaciones, estructuras y demás, y unirnos (es decir, sin comprometer ninguno de los elementos esenciales de la fe) como su cuerpo de discípulos por quienes Cristo murió, y trabajar juntos en el nombre de nuestro gran Dios y Rey.

¿Alguna vez has notado cómo los "grupos de intereses especiales" de nuestro país tienen mucho más peso para influir en nuestra tierra (políticas, opiniones, etc.) a pesar de que su número no es más que una pequeña fracción del número de creyentes evangélicos en los Estados Unidos? La razón por la que tienen tanto peso e influencia es porque se unen. Podemos tener los números a nuestro favor como cuerpo de creyentes en conjunto; pero rara vez, si acaso, nos hemos unido realmente.

Un llamado a la acción

Es hora de dejar de lado nuestras preferencias y egos a fin de ejercer influencia en nuestras comunidades como un cuerpo de discípulos del reino. También llegó el momento de tener más que una reunión nocturna o un proyecto de fin de semana. Es hora de tener una temporada completa de impacto e influencia en nuestra maravillosa tierra.

Durante los últimos años, he diseñado y buscado implementar un plan de tres puntos para convocar a las iglesias a ejercer influencia del reino. Este plan comprende:

1. Una asamblea solemne nacional y local entre las iglesias.

2. Llevar a cabo buenas obras comunitarias de manera colectiva para lograr un mayor impacto.
3. Que las iglesias se pronuncien en una sola voz pública sobre los problemas culturales importantes de nuestros días.

El problema en nuestra sociedad es que demasiadas personas están buscando forzar la mano y la voluntad de Dios en el recinto de los funcionarios electos. Quieren un reino que puedan planificar, programar y comprender, y de esa manera ponen su esperanza en el ámbito político. Sin embargo, Dios nos advierte qué sucede cuando ponemos nuestra confianza en los reyes (1 S. 8:9-18). No hay salvación que provenga del gobierno (Jue. 8:22-23).

Aun así, los demócratas buscan un salvador democrático, los republicanos buscan un salvador republicano y los independientes buscan un salvador independiente. Sin embargo, solo Dios ostenta el mando de soberano del universo y dice, como lo hizo a través del profeta en Isaías 43: "Yo, yo Jehová, y fuera de mí no hay quien salve" (v. 11).

No hay salvación que provenga del gobierno.

Por lo tanto, lo que necesitamos en nuestra nación y nuestras comunidades hoy es que los discípulos del reino vuelvan de manera radical y global al pacto con el Dios de la Biblia. Debemos integrar e influenciar a nuestra cultura a través de todos los medios posibles. La verdadera transformación de la comunidad requerirá la cooperación colectiva de las masas para lograr un impacto duradero.

Una forma de iniciar este impacto colectivo es identificar a las agencias y personalidades cristianas que ya tienen afinidad intelectual e integración dentro de las esferas de la sociedad estadounidense típica: educación, cuidado de la salud, entretenimiento, medios de comunicación, literatura, gobierno, empresas, investigación, asuntos familiares, leyes, seguridad nacional, economía, organizaciones comunitarias y activismo social. El objetivo principal de dicha identificación es aprovechar la oportunidad de intercambiar ideas y estrategias, y a la vez intercambiar investigaciones sobre tendencias e indicadores culturales. De esta manera, proporcionamos una perspectiva más sinérgica para dar forma al marco moral de nuestra tierra.

Algunos de los objetivos de esta plataforma de coparticipación podrían incluir:

- Despertar e impulsar el deseo de reavivamiento nacional, responsabilidad personal, integración espiritual y una reforma progresiva.
- Desarrollar una estrategia nacional de impacto social, extensible y de fácil implementación sin acepción cultural, geográfica y social.
- Aumentar la eficiencia y eficacia de la movilización y gestión de los recursos cristianos estadounidenses para un impacto del reino a nivel nacional.
- Desarrollar un movimiento nacional de oración continuo para apoyar las iniciativas.
- Desarrollar y promover la colaboración entre iglesias, organizaciones sin fines de lucro, instituciones de capacitación y agencias.
- Facilitar la investigación y el debate sobre las tendencias nacionales dentro de los diversos medios con el fin de estimular la influencia estratégica.
- Crear un foro para el intercambio de estrategias y técnicas mientras se proporciona una previsión responsable.

- Producir medios de narración artísticamente eficaces y persuasivos para fomentar el pensamiento del reino y la responsabilidad personal a través de los principales canales de distribución.
- Aprovechar las redes sociales para transformar el pensamiento hacia la renovación nacional y los valores del reino.
- Diseñar una estrategia corporativa para tratar las supuestas necesidades colectivas.
- Fomentar el pensamiento de un impacto nacional y comunal como también una estrategia de la iglesia local en lugar de una estrategia paraeclesiástica.
- Llevar a cabo una asamblea nacional solemne anual que reúna a líderes espirituales y laicos para buscar el rostro de Dios e invocar su mano sobre nuestra tierra.

Una estrategia de influencia comunitaria colectiva

Una de las formas de lograr un impacto colectivo en nuestras comunidades es a través de asociaciones de iglesias con escuelas. Las iglesias que se asocian con las escuelas pueden tratar de reconstruir las comunidades mediante una influencia integral en las vidas de los jóvenes y sus familias. Para llevarlo a cabo, se deben abordar las necesidades educativas, sanitarias, económicas y sociales de las personas afectadas conforme a los principios espirituales. En Dallas, hemos establecido dicho modelo.

Las iglesias tienen una ventaja significativa como agentes de impacto en la comunidad. Están ubicadas en todas partes. Hay un promedio de tres a cinco iglesias por cada escuela pública en los Estados Unidos. Además hay tres ventajas más. Las iglesias (1) están más cerca de las necesidades de las personas, ya que están ubicadas en el corazón de la comunidad; (2) ofrecen la mayor fuerza de voluntarios de la comunidad; y (3) ya disponen de edificios para usar en programas para la comunidad. Al proporcionar un marco de referencia moral para tomar decisiones sabias, las iglesias con discípulos del reino pueden capacitar a los miembros de la comunidad para lograr una transformación social.

Una forma de ampliar el impacto de las iglesias en sus comunidades es reconocer que las iglesias y las escuelas representan el núcleo social, educativo, familiar y potencialmente espiritual de la comunidad. Mientras que las personas y las empresas están de paso, las iglesias y las escuelas permanecen y están listas para dar cabida a los recién llegados a sus barrios. Si estas dos instituciones —las iglesias y las escuelas que las rodean— comparten intereses comunes además de antigüedad, tal alianza estratégica entre las dos puede precipitar, en mayor medida, resultados positivos para los niños, los jóvenes y las familias que viven en la comunidad.

Recuerdo la naturalidad con la que desarrollé esta estrategia cuando recién me iniciaba como pastor en una comunidad predominantemente urbana. Una escuela secundaria cercana estaba experimentando crecientes dificultades en ese momento, incluida la delincuencia y el bajo rendimiento académico. El director de la escuela decidió contactarme para pedir ayuda. La actividad pandillera había estallado y había afectado todas las áreas de rendimiento de la escuela. Después de recibir la llamada, decidí ir a la escuela con unos veinticinco hombres de nuestra iglesia. El director interrumpió todas las clases y convocó a todos los estudiantes varones al gimnasio, donde les hablamos sobre lo que significaba ser un hombre de verdad.

Además, lo hicimos en nombre de Dios. De hecho, incluso

usé el nombre de Jesús, y la escuela estuvo de acuerdo con eso porque cuando las cosas se han deteriorado tanto que ni siquiera puedes dar clases a tus alumnos, no eres tan exigente con lo que permites o no permites en un esfuerzo por ayudar. Después de ese tiempo que pasamos juntos y que algunos hombres de la iglesia recorrieran los pasillos de la escuela para ofrecer ayuda y esperanza a los jóvenes que lo necesitaban y la oportunidad de rendir cuentas a aquellos que querían causar problemas, la actividad de las pandillas cesó. Las calificaciones de los estudiantes subieron, la delincuencia bajó y la escuela reconoció que la asociación con la iglesia era buena para producir un clima de aprendizaje más productivo.

De hecho, posteriormente el director obtuvo una promoción. Se convirtió en el superintendente del distrito de dieciocho escuelas y solicitó la participación de nuestra iglesia en las dieciocho escuelas. Luego nos organizamos y adoptamos a todas las escuelas y de esa manera ampliamos nuestros servicios de apoyo a cada una mediante tutoría, supervisión, asesoramiento, capacitación y servicios de apoyo familiar integral. Cuando se corrió la voz a los distritos escolares vecinos, las dieciocho escuelas pronto se convirtieron en treinta y seis, y finalmente llegamos a más de cincuenta escuelas en este momento.

Además, inicié reuniones mensuales de oración y estímulo espiritual con los directores y los administradores. Hoy día estas reuniones se llevan a cabo al principio y al final de cada año escolar, y periódicamente durante cada semestre.

Un descubrimiento interesante que hicimos en este proceso fue que, al ayudar a los estudiantes de las escuelas, también obteníamos acceso a los padres. Muchos de los problemas que los estudiantes tenían en la escuela eran una extensión de los problemas en sus hogares. Cuando adoptábamos una escuela, también nos comunicábamos con las familias, lo que a su vez nos permitía relacionarnos a un nivel más profundo con toda la comunidad.

A medida que nuestra iglesia se posicionó como el principal sistema de prestación de servicio social a las escuelas, la iglesia ofreció una vía para la transformación de la comunidad. Tenemos uno de los centros de embarazos afroamericanos en funcionamiento más grande del país, donde ofrecemos no solo atención prenatal, sino también clases para padres y madres. Ayudamos a las personas a recibir educación y adquirir habilidades laborales a través de nuestro instituto de tecnología, y luego las ayudamos a encontrar trabajo y un hogar. Tenemos una tienda de segunda mano para ayudar a mantener y expandir el crecimiento económico en la comunidad, así como una cooperativa de crédito. Desarrollamos negocios y brindamos asistencia médica de forma regular y gratuita a la comunidad.

¿Por qué hacemos esto? Porque la iglesia ha sido llamada a afectar positivamente a la sociedad. Las iglesias de todo el país deben establecer una agenda para promover valores y creencias positivas. Una forma de hacerlo es asociarse con escuelas públicas sin acepción de raza, cultura y clase social, y llegar a su comunidad para desarrollar una alta calidad de vida en esa área. Cuando las iglesias pueden establecer una agenda para la comunidad, los resultados positivos aumentan.

La iniciativa de asociación entre iglesias y escuelas fortalece a las comunidades y a nuestra nación, con el fin de corregir la respuesta inadecuada a la Palabra de Dios, que es la raíz causante de los dilemas en la sociedad. Este exitoso modelo se ha convertido en un esfuerzo nacional a través de la iniciativa nacional de *La Alternativa Urbana* para que cada iglesia adopte una escuela, donde buscamos capacitar a los discípulos del reino de todo el país para que sepan cómo implementar el modelo extensible en su comunidad. El modelo de asociación entre la iglesia y la escuela existe como un plan para aplicar los principios del reino de Dios mientras se satisfacen las necesidades de las personas que sufren a través de intervenciones caritativas reforzadas con un mensaje de esperanza.

Uno de los aspectos más interesantes de esta estrategia de alcance comunitario es que es extensible. El programa funciona ya sea que tenga una iglesia de sesenta miembros o seis mil. Nuestra iglesia sirve a más de cincuenta escuelas públicas, porque tenemos suficientes miembros para mantener ese nivel de participación. Sin embargo, las iglesias más pequeñas también pueden tener un impacto significativo en sus comunidades con la adopción de una sola escuela pública (primaria, secundaria o preparatoria) o en asociación con otra iglesia para adoptar a la misma escuela.

Además, el programa es rentable ya que los principios básicos que se necesitan ya están establecidos tanto en la iglesia como en la escuela pública. El costo real del programa depende del alcance de los servicios que tu iglesia desee ofrecer y de tu capacidad para prestar esos servicios.

Cada vez que voy a hablar a una comunidad, trato de reunir a los pastores y los líderes de la comunidad en una visión compartida para lograr un impacto unificado en toda la comunidad a través de la adopción de escuelas. Mi visión es reunir a asociaciones ministeriales, denominaciones de iglesias o un grupo de iglesias de un área local para que adopten a todas las escuelas públicas de su comunidad. También los animo a planear un momento anual de celebración en el que puedan reunirse para hablar de lo que Dios ha hecho a través de los diversos ministerios de alcance comunitario, así como también para diseñar estrategias para el próximo año.

Sin embargo, el objetivo final de esta visión no es la escuela, sino la manifestación de la gloria de Dios a través del poder de su cuerpo y la obra que realicen juntos para lograr un cambio integral. También les da a los mentores de la iglesia una oportunidad de practicar los dones, las habilidades y los oficios de sus miembros para ejercer una influencia del reino en beneficio de sus comunidades. Si cada comunidad adoptara tal estrategia, entonces, con el tiempo, la nación entera recibiría el impacto de esta estrategia ascendente para la transformación de la comunidad.

Esta estrategia nos permite ser sal y luz en nuestras comunidades a las que Cristo nos ha llamado a ser discípulos del reino. Un hecho interesante sobre la luz es que no es como parece. No tiene un color. Un prisma revela la verdadera naturaleza de la luz: cuando el prisma refracta la luz, revela un espectro de colores. Del mismo modo, la luz que alumbramos para Dios a través de nuestras buenas obras no es ignorar nuestro color, cultura o particularidad; sino aceptarnos a nosotros mismos y aceptarnos unos a otros de tal manera que podamos crear algo que nunca podríamos haber creado por nuestra cuenta. Cuando combinamos nuestras fuerzas interraciales, formamos algo mucho más fuerte que lo que hubiéramos formado solos.

Cuando los discípulos del reino operan adecuadamente bajo la agenda del reino, el progreso y la transformación es el resultado natural mientras que los aspectos espirituales y sociales de la vida funcionan de manera coordinada y afectan positivamente a individuos, familias, escuelas y comunidades. Los beneficios derivados de la asociación de iglesias y escuelas públicas son innumerables. Dan una demostración visible de los representantes del reino de Dios que ejecutan la autoridad del reino desde la institución de su reino (la iglesia) a través de los discípulos de su reino.

Sé parte de la estrategia de influencia en tu comunidad

Estimado lector, puedes coordinar una reunión de capacitación para crear acuerdos de colaboración entre las iglesias y las escuelas de tu zona. (La información de contacto de la iniciativa nacional para que las iglesias adopten una escuela se encuentra en el Apéndice B.) Después invita a esta reunión de capacitación a los líderes religiosos y comunitarios de todas las razas y denominaciones de tu zona. Luego sigue los pasos detallados en la capacitación para implementar esta estrategia en tu comunidad local.

A las iglesias que quizás no quieran adoptar este modelo de ministerio específico, las aliento a implementar un plan para unir a la comunidad y hacer buenas obras que beneficien a la sociedad en general y brinden la oportunidad de predicar el evangelio.

La filosofía de estrategias de alcance comunitario da resultado. Soy una prueba viviente de ello. La división terminó en mi propia vida y mi familia cuando mi padre descubrió el poder vivificante de la fe en Jesucristo y empezó a actuar de otra manera. Nuestro hogar cambió y se diferenció de la mayoría de los otros hogares de mi vecindario, porque se había hecho una conexión entre lo espiritual y lo social. También soy un producto de ejemplos positivos de personas de ambos géneros y de diversas etnias, que se tomaron el tiempo de ser mentores y me ayudaron a lograr cosas en mi vida que no podría haber logrado por mi cuenta.

Esta estrategia de impacto comunitario comenzó porque nunca olvidé la transformación que ocurrió en mi propia vida y mi familia cuando el sistema de creencias espiritual se convirtió en la base de mis decisiones. Fue entonces cuando vi el vínculo entre la fe en Dios y las buenas obras para mejorar mi vida y la vida de los demás. Además, sé que la aplicación de esta filosofía funciona debido a las miles de vidas que se han transformado tanto a través de nuestro programa de alcance comunitario en Dallas como a través de la iniciativa nacional para que las iglesias adopten una escuela en todo el país.

Una voz

Sin embargo, en la iglesia cristiana de hoy nos encontramos con nuestra cultura como si ni siquiera estuviéramos hablando el mismo idioma con respecto a varios problemas que enfrenta nuestra tierra. Parte de la causa de este conflicto se debe a que hemos descuidado trabajar sin barreras de denominación, clase social y raza con el fin de buscar una estrategia sinérgica hacia el impacto cultural.

Cuando estallan tiempos de crisis racial en toda la nación, como sucedió en Dallas en 2016, en Baltimore y Charleston en 2015 o incluso en Ferguson (Missouri) en 2014, la iglesia debería tener una mayor voz colectiva en respuesta al caos. Se producen protestas y la ira a menudo se desplaza a otro lugar; sin embargo, necesitamos más que una protesta: necesitamos un plan. La mejor manera de posicionarnos para crear y llevar a cabo un plan nacional de restauración incluye esta estrategia de tres pasos: una asamblea solemne en todas las comunidades, un impacto comunitario unido y una voz pública al unísono.

Cuando todo esto esté en su lugar, podemos hablar de manera unánime, calmar la ira y las hostilidades y ofrecer varias opciones productivas y estratégicas para la restauración y la justicia. Varios grupos de interés especial han podido influir en la cultura exitosamente, porque lograron unificar su voz colectiva entre los miembros del gobierno, la educación, los medios de comunicación y el entretenimiento. Es hora de dejar a un lado nuestras plataformas y agendas personales con respecto a los asuntos de importancia nacional para que podamos hablar de manera efectiva y abordar las preocupaciones de nuestros días.

Es importante

Se cuenta una historia de un abuelo y su nieto que caminaban por la playa. La playa estaba llena de estrellas de mar que la corriente había arrastrado esa mañana temprano. Miles de estrellas de mar yacían impotentes sobre la arena bajo el sol abrasador.

Mientras caminaban, el abuelo se inclinó y recogió una estrella de mar solitaria. La miró y luego suavemente la arrojó al agua. Dio un paso más, recogió otra e hizo lo mismo. El nieto vio la enorme cantidad de estrellas de mar esparcidas en la playa, y con un suspiro le dijo:

—Abuelo, no puedes recogerlas a todas. ¿Qué importa que devuelvas al agua a una si no puedes hacerlo con todas?

Al oír un tono de desesperanza en la voz de su nieto, el abuelo se inclinó para recoger otra estrella de mar y la colocó suavemente en la mano de su nieto.

—Lánzala al agua —le dijo sonriendo—. Adelante, lánzala.

El nieto hizo lo que le dijo su abuelo.

—¿Ves? —continuó el abuelo—. Estabas equivocado. Sí que importa. Para esta estrella de mar sí importa.

He llegado a ser bisabuelo en esta etapa de mi vida. Hasta ahora tengo un grupo de nietos y un bisnieto. Aprecio mucho a mis nietos. Quiero que conozcan y valoren su herencia, su cultura y su futuro. No obstante, más allá de eso, también quiero que ellos y cada uno de nosotros comprendamos y aceptemos nuestro llamado a servir al cuerpo de Cristo como discípulos del reino.

Vivir totalmente como un discípulo del reino es esencial para el plan divino de Dios de producir una transformación duradera en un mundo corrompido por el pecado y sus efectos. Hay poder en reflejar y representar a Cristo en todo lo que hacemos, porque Cristo es la imagen y la réplica de Dios mismo. A través de Él, no solo entramos a un nivel más profundo de intimidad con Dios y entre nosotros, sino que también reflejamos su gloria, para lo cual fuimos creados y llamados (2 Co. 3:18).

Es cierto, es posible que no podamos salvar a todos; pero es importante que lo intentemos para *cada uno* de los que se salvan.

Conclusión

Como el 7 de diciembre de 1941, cuando Japón lanzó un ataque sorpresa contra los buques de guerra y sus tripulantes en Pearl Harbor, el 11 de septiembre de 2001 es un día que también vive en la infamia en la historia de los Estados Unidos.

Ese día, diecinueve terroristas, que se habían infiltrado en nuestro país, comandaban los aviones que perpetraron los horrendos actos que derribaron las Torres Gemelas de Nueva York, colisionaron contra el Pentágono y precipitaron a ciudadanos estadounidenses al suelo en los campos de Pennsylvania durante un ataque frustrado en Washington DC. Al igual que los sucesos de Pearl Harbor, esos ataques fueron misiones suicidas para traer muerte y destrucción.

Ese día, la nación más poderosa del mundo fue humillada por un pequeño grupo de hombres que, en nombre de su dios y su ideología religiosa, estaban dispuestos a dar sus vidas y destruir la vida de otros por el bien de su misión ilegítima y maligna.

Lamentablemente, esos malvados terroristas del otro lado del mundo, en nombre de su fe, cambiarían para siempre nuestra forma de funcionar como nación. Como discípulos de esta agenda del reino falso (califato), trajeron muerte y destrucción, no vida y paz. Lo hicieron por razones equivocadas, sin preocuparse por las vidas que perecerían. Ahora imagina si los seguidores de Cristo, el Redentor del pecado y la muerte, podrían ayudar a salvar vidas en los Estados Unidos y en otros países. Discípulos de Jesucristo totalmente comprometidos podrían hacerlo, porque representan la presencia sobrenatural del reino de Dios en medio de los reinos de este mundo.

Como discípulos del reino podemos traer vida, esperanza, justicia y rectitud en el nombre del único Dios verdadero. Como discípulos del reino, hemos sido debidamente autorizados a representar el cielo en la tierra para que este mundo vea la obra Dios en medio de él. Nuestra tarea es avanzar en la agenda del reino de Dios, que es la manifestación visible del gobierno supremo de Dios en cada área de la vida.

Esto no significa que no habrá problemas, sufrimiento o maldad en el mundo; sino que este mundo tendrá una vislumbre del cielo cuando los discípulos del reino de Cristo ejerzan la autoridad del reino como representantes de su reino.

Los cines proyectan a sus audiencias imágenes previas de las próximas películas. Estas imágenes previas incluyen los "clips novedosos" de las próximas películas. El objetivo de estas imágenes previas es atraer a los espectadores a que regresen a ver la película completa. Un día, un gran espectáculo llegará a la ciudad. Dios es el productor, el Espíritu Santo es el director, Jesucristo es la superestrella y será una producción mundial. Mientras tanto, los discípulos del reino son como los mejores momentos de este próximo espectáculo. Cuando reflejamos los valores del cielo en la tierra, motivamos a quienes nos rodean a considerar la posibilidad de convertirse en parte del próximo reino mundial de Jesucristo. Y si nos preguntan dónde pueden comprar un boleto, entonces podemos decirles que no tienen que comprar un boleto. Gracias a la cruz, el precio ya está pagado. Podemos predicar el evangelio de la paz y la vida eterna, para que su reino reciba la gloria mientras seguimos esperando el regreso de Cristo.

Apéndice A

Medidas de acción para el discipulado del reino

Medidas de acción individual	Medidas de acción en la familia	Medidas de acción en la iglesia	Medidas de acción en la comunidad
(1). Establece una rutina personal diaria que incluya orar, leer y estudiar la Palabra de Dios. **(2).** Sé un buen administrador de tu tiempo al evitar actividades y / o personas que tengan una influencia negativa en tu crecimiento y desarrollo espiritual. **(3).** Cultiva una relación con alguien que ha caminado con Dios más tiempo que tú para que puedas ser su discípulo. **(4).** Cultiva una relación con alguien que puedas discipular, lo que ayudará a tu propio desarrollo espiritual.	**(1).** Haz que los tiempos de oración en familia sean una rutina regular en tu hogar. Aprovecha las comidas habituales de la familia para cultivar relaciones lejos de la televisión y las redes sociales. **(2).** Reta a cada miembro de tu familia para que sea de influencia y testimonio a quienes se crucen en su camino cuando salga de la casa. **(3).** Participa de manera activa en una iglesia local como familia y repasen juntos lo que allí se enseña. **(4).** Aprovecha cada oportunidad natural para inculcar principios espirituales a los miembros de tu familia.	**(1).** Ayuda a los miembros a descubrir y usar sus dones espirituales. **(2).** Organiza grupos pequeños para que las personas puedan dialogar y recibir amor y apoyo. **(3).** Sal de las paredes de tu iglesia para llevar el evangelio a la comunidad. **(4).** Concéntrate en la oración corporativa como un arma vital para la guerra espiritual en la iglesia. **(5).** Haz del discipulado una prioridad principal de la iglesia con un proceso de desarrollo espiritual claramente medible y responsable.	**(1).** Incentiva a la congregación a comprender y realizar actos de bondad en nombre de la iglesia para los necesitados de la comunidad. **(2).** Capacita y anima a los miembros de la iglesia a intervenir en los problemas que enfrenta su comunidad. **(3).** Únete a otras iglesias interraciales y transculturales para unir sus voces frente a los problemas de justicia y rectitud en la comunidad. **(4).** Reta a los miembros a estar informados bíblicamente y comprometidos políticamente.

Medidas de acción individual	Medidas de acción en la familia	Medidas de acción en la iglesia	Medidas de acción en la comunidad
(5). Establece límites personales antes de que tu integridad sea puesta a prueba para que puedas mantener tu integridad espiritual cuando llegue el momento. **(6).** Invierte en herramientas y recursos que contribuyan al conocimiento de las Escrituras y al crecimiento como un discípulo de Jesucristo. **(7).** Evalúa regularmente tu propio progreso espiritual y haz ajustes a medida que el Espíritu Santo te muestre oportunidades de crecer y te revele pecados que debes tratar en tu vida. **(8).** Da testimonio de tu fe a los incrédulos tan a menudo como sea posible. **(9).** Participa de manera activa de una iglesia bíblica que priorice el discipulado.	**(5).** Ayuden como familia para servir a otras familias menos afortunadas. **(6).** Desarrolla relaciones con otras familias que tengan tus valores espirituales. **(7).** Presenta a tu familia líderes espirituales, ministerios y actividades que refuercen los principios del discipulado. **(8).** Vean en familia entretenimiento cristiano de calidad, que pueda servir como una forma divertida de aprender y crecer espiritualmente	**(6).** Ten un programa de desarrollo de liderazgo continuo con el fin de formar discipuladores. **(7).** Inculca rápidamente a los nuevos miembros la importancia y prioridad del discipulado. **(8).** Organiza una asamblea solemne anual de toda la iglesia que incluya ayuno y oración.	**(5).** Desarrolla actividades de alcance comunitario y social, que mejoren la vida de los pobres y oprimidos. **(6).** Adopta una escuela pública y brinda servicios de tutoría y servicios sociales a estudiantes en riesgo. **(7).** Abre las instalaciones de la iglesia a grupos comunitarios y actividades que sean consecuentes con los valores del reino. **(8).** Impulsa a los diferentes ministerios de la iglesia a prestar servicios a diversos proyectos comunitarios que anuncien las buenas obras que están haciendo.

Nota: *La Alternativa Urbana* tiene una abundancia de recursos diseñados para ayudarte a crecer en cada una de las esferas del discipulado del reino. Ver www.TonyEvans.org (recursos disponibles solo en inglés).

Apéndice B

La Alternativa Urbana

La Alternativa Urbana (TUA, por sus siglas en inglés) capacita, fortalece y une a los cristianos para influenciar a individuos, familias, iglesias y comunidades. TUA promueve una cosmovisión que se basa completamente en la agenda del reino de Dios. Mediante la enseñanza de la verdad, buscamos transformar vidas.

La raíz de los problemas que enfrentamos en nuestra vida personal, nuestro hogar, nuestras iglesias y nuestra sociedad es espiritual. Por lo tanto, la única forma de abordar estos problemas es espiritual. Hemos intentando con las agendas políticas, sociales, económicas y religiosas, pero no han producido una transformación duradera.

Es hora de poner en marcha la agenda del reino: la manifestación visible de la norma integral de Dios en cada ámbito de la vida.

El tema central y unificador de la Biblia es la gloria de Dios mediante el avance de su reino. Este es el hilo conductor desde Génesis hasta Apocalipsis, de principio a fin. Sin ese tema, la Biblia es una colección disociada de historias que inspiran, pero que parecen no estar relacionadas en su propósito y dirección. La Biblia existe para mostrar el mover de Dios en la historia hacia el establecimiento y la expansión de su reino, con énfasis en la interrelación de principio a fin. Esta comprensión aumenta la relevancia de estos escritos antiguos en nuestra vida cotidiana, porque el reino no es solo entonces; sino también ahora.

La ausencia de influencia del reino en nuestras propias vidas, familias, iglesias y comunidades ha derivado en un deterioro catastrófico en nuestro mundo.

- Las personas llevan una vida segmentada y compartimentada porque carecen de la perspectiva del reino de Dios.
- Las familias se desintegran, porque existen para su propia satisfacción y no para el reino.
- Las iglesias tienen una influencia limitada, porque no comprenden que el objetivo de la iglesia no es la iglesia misma, sino el reino.
- Las comunidades no tienen a dónde recurrir para encontrar soluciones reales para personas reales con problemas reales; porque la iglesia se ha dividido, ha crecido para adentro y es incapaz de transformar de manera significativa el panorama cultural.

La agenda del reino nos ofrece una forma de vivir con una esperanza sólida al optimizar las soluciones del cielo. Cuando Dios y su gobierno no son la norma de autoridad final sobre todo, se pierde el orden y la esperanza. Sin embargo, también es cierto que mientras tengamos a Dios, tenemos esperanza. Si Dios todavía está en escena, y su agenda siga en marcha, no todo está perdido.

Si las relaciones fallan, Dios nos sostendrá. Si las finanzas disminuyen, Dios cuidará de nosotros. Si los sueños mueren, Dios nos revivirá. Mientras Dios y su autoridad guíen nuestra vida, familia, iglesia y comunidad, siempre habrá esperanza.

Nuestro mundo necesita la agenda del Rey. Nuestras iglesias necesitan la agenda del Rey. Nuestras familias necesitan la agenda del Rey.

En muchas ciudades importantes, los conductores pueden tomar una carretera que rodea la ciudad para llegar al otro lado de la misma sin tener que atravesar el centro de la ciudad. Esta carretera los lleva suficientemente cerca de la ciudad de tal manera que ven sus imponentes edificios y el horizonte, pero no al grado de experimentar la ciudad misma.

Esto es precisamente lo que nuestra cultura ha hecho con Dios. Lo hemos puesto en la «carretera que bordea» nuestra vida personal, familiar, la iglesia y la comunidad. Está lo bastante cerca por si lo necesitamos en una emergencia, pero demasiado lejos para ser el centro de nuestra vida misma.

Lamentablemente, a menudo queremos que Dios esté en la «carretera que bordea» nuestra vida, pero no siempre queremos que el Rey de la Biblia llegue al centro de nuestra vida. Dejar a Dios en la «carretera que bordea» trae consecuencias terribles, como lo hemos visto en nuestras propias vidas y en la vida de otros. Sin embargo, cuando hacemos de Dios y su autoridad la pieza central de todo lo que pensamos, hacemos y decimos, lo experimentamos de la manera que Él desea que lo hagamos.

Él quiere que seamos personas del reino con una mente del reino para poder cumplir con los propósitos de su reino. Él quiere que oremos como lo hizo Jesús: «No se haga mi voluntad, sino la tuya». Porque suyo es el reino, el poder y la gloria.

Solo hay un Dios y nosotros no somos Él. Como Rey y Creador, Dios es el que manda. Solo cuando nos colocamos bajo su mano soberana, accederemos a todo su poder y autoridad en nuestras vidas, familias, iglesias y comunidades.

A medida que aprendamos a someternos a la autoridad de Dios, transformaremos la institución de la familia, la iglesia y la sociedad de acuerdo con una visión del mundo basada en la Biblia.

Sometidos a Dios, tocamos el cielo y transformamos la tierra.

Para lograr nuestro objetivo, utilizamos una variedad de estrategias, métodos y recursos para alcanzar y capacitar a tantas personas como sea posible.

Medios de difusión

Millones de personas experimentan *La alternativa con el Dr. Tony Evans*, una transmisión diaria que se difunde en casi mil estaciones de radio y en más de cien países. La transmisión también se puede ver en varias cadenas de televisión, en línea en TonyEvans.org y en la aplicación gratuita Tony Evans. Más de cuatro millones de descargas de mensajes se realizan cada año.

Capacitación de líderes

El Centro de Capacitación Tony Evans (TETC, por sus siglas en inglés) facilita la programación educativa que refleja la filosofía del ministerio del Dr. Tony Evans expresada mediante la agenda del reino. Los cursos de capacitación se centran en el desarrollo del liderazgo y el discipulado en cinco ramas:

- Biblia y teología
- Crecimiento personal
- Familia y relaciones
- Desarrollo del liderazgo y la salud de la iglesia
- Influencia en la sociedad y la comunidad

El programa TETC incluye cursos para estudiantes locales y en línea. Además, este programa incluye cursos para asistentes no estudiantes. Pastores, líderes cristianos y laicos cristianos, tanto locales como a distancia, pueden obtener un Certificado de Agenda del Reino para el desarrollo personal, espiritual y profesional. Algunos cursos califican como créditos para continuar con su educación y se transferirán para créditos universitarios con nuestras escuelas asociadas.

Pastores de la Agenda del Reino (KAP, por sus siglas en inglés) ofrece una red viable para pastores con ideas afines que adoptan la filosofía de la agenda del reino. Los pastores tienen la oportunidad de profundizar con el Dr. Tony Evans, ya que reciben mayor conocimiento bíblico, aplicaciones prácticas y recursos para influenciar a individuos, familias, iglesias y comunidades. KAP acepta pastores principales y asociados de todas las iglesias. También ofrece una cumbre que se realiza cada año en Dallas, Texas, con seminarios intensivos, talleres y recursos.

El *Ministerio de Esposas de Pastores*, fundado por la Dra. Lois Evans, ofrece consejo, estímulo y recursos espirituales para las esposas de los pastores que sirven junto a sus maridos en el ministerio. Un objetivo principal del ministerio es la cumbre que se ofrece a las esposas de pastores principales como un lugar seguro para reflexionar, renovarse y descansar, junto con capacitación en el desarrollo personal, el crecimiento espiritual y el cuidado de su bienestar emocional y físico.

Influencia en la comunidad

La *Iniciativa Nacional para la Iglesia: Adopta-una-escuela* (NCAASI, por sus siglas en inglés) capacita a las iglesias de todo el país para tener influencia en las comunidades mediante el uso de las escuelas públicas como vehículos principales para lograr un cambio social positivo en la juventud y las familias urbanas. Líderes de las iglesias, distritos escolares, organizaciones religiosas y otras organizaciones sin fines de lucro reciben los conocimientos y las herramientas para desarrollar alianzas y construir sólidos sistemas de prestación de servicios sociales. Esta capacitación se basa en la estrategia integral de influencia comunitaria dirigida por la iglesia Oak Cliff Bible Fellowship. Esta aborda áreas tales como el desarrollo económico, la educación, la vivienda, la revitalización de la salud, la renovación familiar y la reconciliación racial. Ayudamos a las iglesias a adaptar el modelo para satisfacer las necesidades específicas de sus comunidades, al mismo tiempo que abordamos el marco de referencia espiritual y moral. Las clases de capacitación se llevan a cabo anualmente en el área de Dallas en la iglesia Oak Cliff Bible Fellowship.

Influencia para Atletas (AI, por sus siglas en inglés) es un programa para alcanzar a los atletas por medio del deporte. A menudo los entrenadores son los adultos más influyentes en la vida de los jóvenes, incluso más que los padres. Con el creciente aumento de familias sin un padre en nuestra cultura, más jóvenes recurren a sus entrenadores en busca de orientación, desarrollo del carácter, necesidades prácticas y esperanza. Los atletas (profesionales o aficionados) también tienen influencia en los deportistas y niños más jóvenes. Ante esta realidad, nuestro objetivo es enseñar y capacitar a entrenadores y atletas para que vivan y utilicen la función que Dios les ha dado en beneficio del reino. Nuestro objetivo es hacerlo mediante nuestra aplicación iCoach, weCoach Football Conference y otros recursos, como *The Playbook: A Life Strategy Guide for Athletes* [Una guía de estrategia de vida para atletas].

Desarrollo de recursos

Estamos fomentando alianzas de aprendizaje permanente con las personas a quienes servimos mediante una variedad de materiales publicados. El Dr. Evans ha publicado más de cien títulos únicos (folletos, libros y estudios bíblicos) basados en más de cuarenta años de predicaciones. El objetivo es fortalecer a las personas en su vida cristiana y servir a otros.

Para obtener más información y un ejemplar complementario del boletín devocional del Dr. Evans, llama al (800) 800-3222 (Estados Unidos) o escribe a: TUA, PO Box 4000, Dallas, TX 75208, o visita nuestro sitio en la Internet: www.TonyEvans.org.

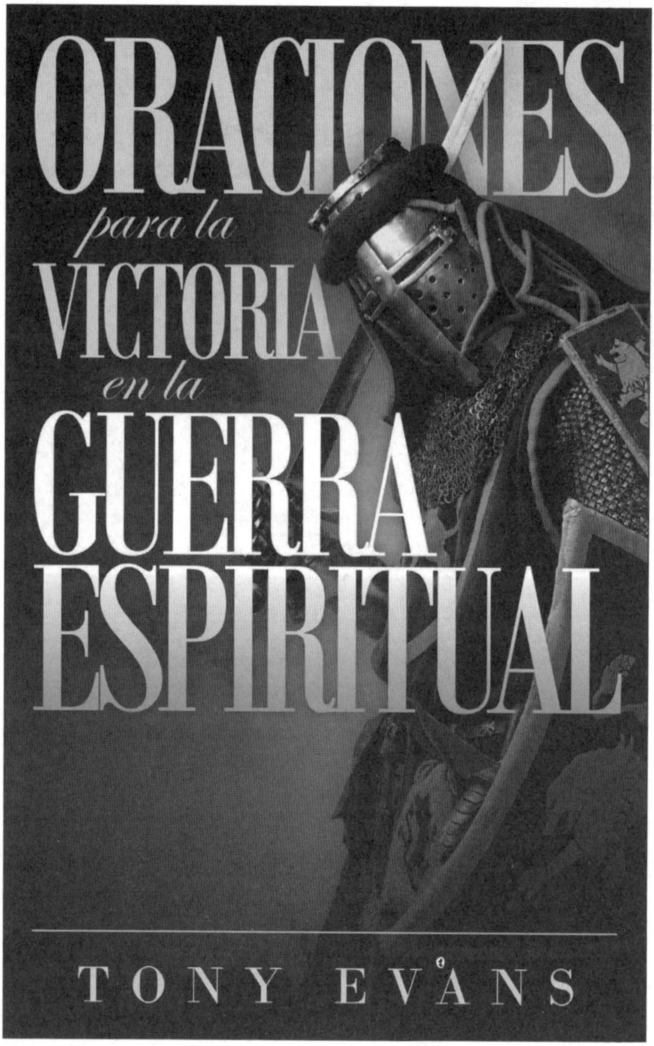

Estas oraciones, basadas en el libro *Victoria en la guerra espiritual* del Dr. Evans, te ayudarán a enfrentar los ataques del enemigo a tu vida espiritual, relaciones familiares, ataduras relacionadas al alcohol y drogas, crisis financieras y compulsiones pecaminosas. Las oraciones de victoria que cubren estas y otras áreas vitales de tu vida te ayudarán a retomar el terreno que Satanás ha usurpado equivocadamente en tu vida.

En esta vida hay problemas… pero DIOS tiene un NOMBRE para todos y cada uno de ellos.

Al estudiar y comprender los rasgos de Dios tal como se revelan mediante sus nombres, estarás más preparado para enfrentarte a la adversidad y a la victoria, a la pérdida y a la provisión y a todos los desafíos de esta vida.

EDITORIAL
PORTAVOZ

NUESTRA VISIÓN

Maximizar el efecto de recursos cristianos de calidad que transforman vidas.

NUESTRA MISIÓN

Desarrollar y distribuir productos de calidad —con integridad y excelencia—, desde una perspectiva bíblica y confiable, que animen a las personas a conocer y servir a Jesucristo.

NUESTROS VALORES

Nuestros valores se encuentran fundamentados en la Biblia, fuente de toda verdad para hoy y para siempre. Nosotros ponemos en práctica estas verdades bíblicas como fundamento para las decisiones, normas y productos de nuestra compañía.

Valoramos la excelencia y la calidad.
Valoramos la integridad y la confianza.
Valoramos el mérito y la dignidad de los individuos y las relaciones.
Valoramos el servicio.
Valoramos la administración de los recursos.

Para más información acerca de nuestra editorial y los productos que publicamos visite nuestra página en la red: www.portavoz.com.